مجموعة قصصية

" ... وقصص أخرى "

الطبعة الثانية

سنغافورة- 2014

صونيا عامر

PARTRIDGE

A Penguin Random House Company

Copyright © 2014 by صونيا عامر.

ISBN: Hardcover   978-1-4828-9030-3
           Softcover   978-1-4828-9031-0
           Ebook   978-1-4828-9032-7

All rights reserved. No part of this book may be used or reproduced by
any means, graphic, electronic, or mechanical, including photocopying,
recording, taping or by any information storage retrieval system without
the written permission of the publisher except in the case of brief
quotations embodied in critical articles and reviews.

Because of the dynamic nature of the Internet, any web addresses or links
contained in this book may have changed since publication and may no
longer be valid. The views expressed in this work are solely those of the
author and do not necessarily reflect the views of the publisher, and the
publisher hereby disclaims any responsibility for them.

To order additional copies of this book, contact
Toll Free 800 101 2657 (Singapore)
Toll Free 1 800 81 7340 (Malaysia)
orders.singapore@partridgepublishing.com

www.partridgepublishing.com/singapore

لوحة الغلاف من أعمال الكاتبة صونيا عامر

قراءة الناقد/ أيمن خالد دراوشة في مجموعة "...و قصص أخرى"

تعرض لنا صونيا عامر في "... وقصص أخرى" (1) قضايا إنسانية قديمة ومعاصرة، وتغوص بنا في مكنونات النفس البشرية حتى العمق، فهي تفلسف الحدث وتتدخل في تفاصيله. ومن الملاحظ في بعض قصص المجموعة الثماني أن الراوي هو الكاتبة نفسها.

"وكما تذكّرت أنّ صديقة لنا منذ عشرين عاما ماتت على يد طبيب عربيّ، طبعا اختلف الوضع فهي أخطأت بالذهاب لطبيب عربيّ يُقال إنّه كان مرخّصا حينها، أيضا لستُ متأكّدة، لم أرَ التراخيص بأمّ عيني وأنا شخص وسواسيٌّ وقهريّ لا يثق بأحد. وبالأمس وحين كنتُ أتابع البرنامج تعاطفتُ مع أمّ الفقيدة وطفلها الذي لم يرَ النور، أصغيتُ بدقة للمكالمات الهاتفيّة التي جرَتْ بين المذيع ونقابة الأطبّاء، وفهمتُ بأنّ القانون لا يحمي الميت من غلطة طبيب. حدث في لبنان" (ص2).

تبدو لنا المجموعة أحيانا وكأنها مذكرات أو خواطر ذاتية لكننا لو تعمقنا قليلاً فسنجد أن هذه الخواطر أو المذكرات تأخذ منحًى غريباً ولغة فائقة، ففي قصتها الأولى "إذاعة هنا الفيسبوكية"

تسرد الموقف وتنهيه، ثم تنتقل بنا إلى موقف أو رأي بقضية أخرى مختلفة تماماً عن سابقتها، فبعد انتهائها من سرد قصة سيدة ووفاتها وطفلها بسبب خطأ طبي تعرج بنا إلى التفاؤل ومن ثم التاريخ والجغرافيا ومن ثم النقد السلبي من واقع الحياة اليومية، وحسب عنوان القصة فهي إذاعة والإذاعة مليئة بالأخبار المتناقضة أي لا يوجد علاقة بين موقف وآخر، فالخطأ الطبي لا علاقة له بالتاريخ والجغرافيا، والنقد لا علاقة له بالانتظار وهكذا على بقية المواقف.

إلا أن اللافت للنظر طريقة المؤلفة بفلسفة الموقف أو الحدث، وهو وإن كان رأياً ذاتياً إلا أنه مثير ويدفع بك إلى لذة الكشف، فتعيد القراءة مرة ومرة حتى تخرج بنتيجة منطقية. الملامح الفلسفية في هذه المجموعة مثّلت إبداع كاتبتنا صونيا، فكانت المجموعة مجزأة إلى وحدات منفصلة، وتساؤلات دنيوية تنتظر إجابة لن تأتي أبداً.

وقد شكلت القضايا والتساؤلات والتنقل المفاجئ بين الأحداث عنصراً أساسياً عند المؤلفة، وبعثت فيها الحركة والنشاط، كما برعت الكاتبة في تحريك شخوصها ببراعة ومرونة فائقة، في قصة عنوانها "صباحيات" تعتمد الكاتبة على تقنية الحوار، إلا أنها نسيت نفسها فأسهبت كثيراً،

2

وتداخلت الأحداث فكانت الإطالة مضطربة ومشتتة أحياناً، والتنقل بين قضايا وآراء فرعية كان بالإمكان الاستغناء عنها:

"في ذاك اليوم، أظنّه كان يوم الثلاثاء، هنا تتذكر " قصّتي مع الممرّ/الكوريدور طويلة جدّا، عمرها ستّ سنوات، رغـم الفارق البسيط بطول الممرّ/الكوريدور، حيث أنّ ممرّ/كوريدور الشقة الجديدة أطول من الكوريدور القديم..." (ص7).

ومهما يكن من أمر فالإطالة لم تؤثر على شفافية اللغة وحسن انتقاء الألفاظ، فللكاتبة في حوارها مع النص بشكل عام لها وجهة نظر فلسفية مرتبطة برؤيا شاملة في الكون والحياة، فلديها موقف تحدده طريقة تصورها لهذا الكون وارتباطاته وطريقة تفاعله مع الأحداث.

في قصة "هكذا دواليك" تتحدث المؤلفة عن عائلة تواجه تحديات التطور التكنولوجي المتسارع، فتصف لنا بدقة حياة الأم والأب والأبناء، والقضايا التي تؤرقهما لكنها لم تكن غارقة بالتفاصيل كسابقتها، وكانت أقل فلسفة وأكثر منطقية، وما يميز قصتها هنا أنها حيادية نوعاً ما وتدافع عن قضاياها بكل جرأة وبكل صدق.

كان على المؤلفة التخفيف من حدة لغتها فالقصص موجهة في النهاية للقارئ العادي وعامة

3

الناس وليس لعلماء النفس والفلاسفة ولا حتى النقاد وهذا ينطبق على بقية قصص المجموعة المتبقية، فاستمرارية استعمال اللغة الشاعرية على هذا النحو أعطاها صفة الغرائبية والألغاز، مما يصعب من مهمة استيعاب القارئ.

وقبل أن نخرج من دهاليز هذه المجموعة القصصية، كان لزاماً علينا مصافحة العنوان قبل مصافحة المبوّب، حتى نستطيع القبض على دلالاته الفلسفية المعقدة لإعادة إنتاجه مجدّدا. هذا العنوان الجديد والذي لم نعتد عليه في المجموعات القصصية المختلفة والتي يكون فيها العنوان لإحدى قصص المجموعة، ويبدو أنّ الكاتبة صونيا بوضعها ثلاث نقاط قبل "وقصص أخرى" لم تعط أهمية لقصة واحدة وتضعها عنواناً لمجموعتها، فكل قصصها تصلح عنواناً لهذه المجموعة، وفي النهاية يستطيع القارئ أن يضع ما يشاء عنواناً للمجموعة.

وفي نهاية حديثنا عن مجموعة صونيا عامر "... وقصص أخرى" لا شك أن القارئ يلمس متغيرات على مستوى اللغة والوظيفة والرؤية والأداة، وهو تغير يمثل درجة من التطور الفني التقني في عالم القصة القصيرة. مجموعة صونيا تستحق القراءة، وإعادة القراءة مرات ومرات، وتستحق أن نستكشف كنوزها ومغزاها.

4

المقدِّمة:

من منطلق علميّ أن ننقضَ كلَّ منطلقٍ علميّ، ولكن علينا إثباتُ العكس، ليس فقط بالتجربة، إنّما على أساسٍ علميّ. فالطاقة البديلة، مبدأ يمكننا الإفادة منه على مستوى الأداء الإنسانيّ، كأنْ تبادل من قام بإيذائك بالمحبّة، فالطاقة الإيجابيّة حينها سوف تعمّر قلبك وتمنحك الحياة، فيما لو قمت بالحساب والعقاب، لن تجد متّسعاً من الوقت لتحاكي قلبك أصلا.

مجموعة "وقصص أخرى"، جاءت كردّ فعلٍ على مواقفَ وأحداثٍ مرّت بالكاتبة ولم تجد لها تفسيرا منطقيّا حينها، إنّما ومع مرور الزمن اتّضحتِ الرؤيا، فلحظةُ الصدق هي حين ندرك أنّ للصدق مكانةً تفوق الكذب.

المجموعة تغطّي مرحلةً زمنيّةً ليست بالقصيرة، فقد حُرّرت على مدى ما يقارب العشر سنوات، تحتوي مواضيعَ مختلفةً تعني الكثيرين. تحاول الكاتبة من خلالها إيجادَ أجوبةٍ قد تكون مرتبطةً بالأسئلة المطروحة على مستوى الأداء الإنسانيّ

لشخصياتِ القصص، والبعد الفلسفيّ لما وراء الحوارات.

تبدأ القصّة بمواعيدَ ومواقيتَ تفصيليّةٍ كثيرة، ولكنّها سرعان ما تتدرّج لتتبخّرَ فيها القيمة الحقيقيّة لمعنى الوقت، حين يسرقنا العمر لندخل مرحلة التنويم المغناطيسيّ أو ما يُسمّى التخديرَ الحياتيَّ اليوميّ.

هذه المجموعة من الحكايات المفكّكةِ الأوصالِ التي تكاد تكون هلوسةً، هي محاكاة من سيّدةٍ لنفسها بأوقاتٍ كانت نفسُها صديقةً لنفسها، ممّا قرّبها جدّا من ذاتها وسمح لها بفرصة التعرُّف على النفس البشريّة وما تختلجها من لحظاتٍ قد تكون جنونيّةً لكنْ مفيدة أو محبّبة.

صباحيّات

إذاعة هنا الفيسبوكيّة:

السيدة الحامل ذهبت بثقة تامّة وكلُها أمل، فنحن في القرن الواحد والعشرين، على ما

أظنّ،حيث أنّ الترقيم ليس من أولويّاتي،،، المهمّ.. ذهبتْ للمعاينة عند طبيبها المختصّ، فكما تعلمون لم يعد للقابلات من دور .ولكن شاءتِ الأقدارُ أنْ ماتتِ الصبيّة وطفلها، كيف؟ لا أدري .على الفور تمّ إلقاء القبض على الدكتور المعاين لأنّهم اعتبروها قضيّة رأيٍ عامّ، ولا يريدون بلبلة .عندها اشتكت نقابة الأطبّاء على عدم قانونيّة إلقاء القبض، حيث ينقصُ الحكمَ بعضُ التواقيع على ما أعتقد أو الإثباتات والمعاينات الإضافيّة، قد يكون الطبيب بريئاً حتّى تثبت إدانته. وكما تذكرت أنّ صديقة لنا منذ عشرين عاما ماتت على يد طبيب عربيّ، طبعا اختلف الوضع فهي أخطأت بالذهاب لطبيب عربيّ يُقال إنّه كان مرخّصا حينها، أيضا لستُ متأكّدة، لم أرَ التراخيص بأمّ عيني وأنا شخص وسواسيٌّ وقهريّ لا يثق بأحد . وبالأمس وحين كنتُ أتابع البرنامج تعاطفتُ مع أمّ الفقيدة وطفلها الذي لم يرَ النور، أصغيتُ بدقّة للمكالمات الهاتفيّة التي جرَتْ بين المذيع ونقابة الأطبّاء، وفهمتُ بأنّ القانون لا يحمي الميت من غلطة طبيب،،،،، حدث في لبنان.

التفاؤل، كلمةٌ جميلةٌ لمَن يقولها، لمَن يسمعها ولمَن يطبّقها، إنّما لو نلاحظ فإنّ معظم دعاة التفاؤل هم أكثر الناس جروحا وتقهقرا. ما هو هذا الشيء الذي يجعل أكثرنا معاناةً دعاةً للتفاؤل

والأمل؟. أهي الخبرة؟ متعة الألم؟ أم رؤية ما بعد الواقع، أو ما يُسمّى الحسّ أو شفافيّة الاستشعار عن بعد؟. وكم هو سليم أنْ نتفاءلَ بعيدا عن الواقع؟ وما هو المعيار أو المقياس لنسبة التفاؤل المطلوبة عند الشخص ليستمرَّ في واقعٍ يُهدَّد بالدمار الشامل، أو بالعودة لنقطة الصفر على أحسن تقدير؟.... على فكرة، هذا النوع من الكلام هو قمّة التشاؤم فاحترسوا يا أولي الألباب، لا تدعوا الفرصة لمن يدُسُّ السمَّ في الدسم، ولا تسمحوا لأيٍّ كان أن يقلّل من عزيمتكم للسير قدُما نحو أهدافكم النبيلة، نهاركم ملؤه التفاؤل والأمل والنصر القريب إن شاء الله.

ما الفرق بين التاريخ والجغرافيا؟، التاريخ هو الفعل أي ما يحدث، الجغرافيا هي المكان أو المفعول به، ما يغتصب أو ما يحدث عليه الفعل أو الصراع الذي ندوّنه كتاريخ كي لا تضيعَ المعلومة. لو أعدنا النظرَ سوف نجدُ أنّ الجغرافيا هي مسبِّب التاريخ وليس العكس فلولا المكان لما نشب الصراع. إذن، فلو حللنا مشكلة المكان هل تظنّون أنّ ذلك سيقلّل من كتابة التاريخ سواء كان سلبا أم إيجابا؟، وكيف لنا حلّ مشكلة المكان أي الجغرافيا؟

البارحة أيضا، وبالصدفة سمعتُ أحدَهم ينتقد أحد الفنّانين الذين أحبّهم وأحترمهم لربطه

جاكيت الصوف على خصره بدل أن يربطه على أكتافه كالمثليّين، وضحكتُ من سذاجتي بعدم فهم إشارات الاتّهام التي نوجّهها لبعضنا البعض، وكذلك سعدتُ لعدم اكتراثي لتلك الإشارات التي لم تعني لي شيئا رغم الإشارة لها، فأنا أحبّ ذلك الفنّان وأحترمه، هذه قوانين مجتمعي المدنيّ، حرّيّة الفرد وحرّيّة الرأي واحترام الآخر.

لا أدري ، اليوم على غير العادة لا رغبة لي بوضع موضوع بعينه للنقاش، فلقد عبرت بمعظم ما كتبه الأصدقاء وأكثر ما وجدته: الوضع المزري المصريّ، الخطاب الكئيب السوريّ ،النكد الأبديّ اللبنانيّ، بعض الصلوات على رسول الله صلى الله عليه وسلم، بعض التكفير بما يقوم به رجال الدين و بعض الورود والمأكولات،،،، اليوم افتقدت الأغاني التي كانت تصل مع التصبيحات الجميلة ولاحظت غياب البال الهادئ والمزاج الرائق الذي اعتدناه منذ بدء الربيع العربيّ، وكأنّ بعض الخذلان أو لربّما بعض التعب قد أصابنا جرّاء بعض الهزّات الارتداديّة الخفيفة. لا تقنطوا يا جماعة، وكونوا على ثقة أنْ لا رجعة للوراء، وتطوُّر المواقف نحو التأزُّم قد يُسرِّع في إيجاد الحلّ، صباحكم تفاؤل وأمل وكفاح في سبيل

الحرّيّة والعدالة والديمقراطيّة والوحدة العربيّة، علّنا نصل لحلم الولايات العربيّة المتحدة.

الانتظار، كلمةٌ سهلٌ نطقُها على من ينظر بأمرها، لطالما سمعنا" فلننتظر" فلنقفْ وننتظر، كم هو صعبٌ أن تنتظر، أو أن نقفَ وننتظر،،،،،شعور الأعزل في وجه الفكّ المفترس، حين لا تدري ماذا ستلقى جرّاء هذا الانتظار. فبينَ دينا والدغيدي وأبي الفتوح،،، مع الحجاب ضدّ النقاب،،، لا بل كوني مسفرة ،،، جمالنا في تنوُّعنا معا ضدّ العنف،،، الديمقراطيّة في إبداء الرأي وقبول الرأي الآخر لعبة تحتاج منّا ممارسة أعمق لترسيخها،،، إلى أن يأتيَ يوم نفصل فيه الدين عن الدولة،،، ونبدأ ببناء مجتمعنا المدني المتحضر. مهما كانت نتائج الانتخابات الرئاسيّة المصريّة فهي خطوة هامّة في الطريق الصحيح، طريق الحرّيّة والديمقراطيّة والوعي السياسيّ، حيث سيقوم كافّة الفُر قاء السياسيّين بإعادة النظر في مسيرتهم السياسيّة والإفادة من الأخطاء السابقة باتّجاه الوعي السياسيّ، حُسنُ التنظيم وتقبُّل الآخر، الوطن شراكة بين الموالين والمعارضين، هذه هي أهمّ ركائز الديمقراطيّة.

تخوُّف، عندي تخوّف، عندهم تخوُّف، خوفهم من القادم الغامض، من العنف، من التطرُّف، من التفتيت ومستنقعات الدم، أنا خوفي من التخوُّف من الوقوع بالشرك، شرك تغيير مسار الأحداث بأدوات بشريّة ساذجة لا يتخطّى أفقُها إطار الإطارات المحروقة نفسها، الحياة حركة ولم نشهد يوما حركة سارت تراجُعا، لمَ التخوُّف إذن!

عمليّا، كلّ شيء يتغيّر،،، فعليّا، لا شيء يتغيّر. بين الصدفة والمكتوب يكمن صديق رائع، وهذا هو الأهمّ. كلامٌ من ليل........... محاه نهار، هي مسألة طباع. عامٌ، بعد عامٍ ،بعد عامٍ، سأنتظر.......أثق بك. باختصار، إنّها هنا، مريضة التفاؤل، كثيرة التساؤل والبقيّة تأتي..........

صباحيات

إنّها الساعة 9:45 صباحا، إنّه يوم الأربعاء، يرنّ جرس الهاتف فتجيب هنا: ألو نعم، من ؟

فيجيب صوتٌ نسائيٌّ جميل: معك المدرسة الأمريكيّة، أنا الدكتورة وأردت إعلامك بأنّ ابنتك

سامرة ليست على ما يرام، وحبّذا لو أتيتِ لاصطحابها إلى المنزل.

تجيب هنا: ربع ساعة وأكون عندك، باي.

تنهض هنا من سريرها مسرعةً وهي شبه نائمة، وكيف لا! فليس لديها عملٌ تقوم به، ولكنّها توقّفت لحظةً واحتارتْ بأمرها " والآن سأذهب دون أخذ حبّة المهدّئ، أوهل أجرؤ؟ أنا شبه نائمة و الطرقات مزدحمة و إنّها المرّة الأولى التي أذهب فيها بمفردي وبسيّارتي إلى المدرسة، وأنا سائق جديد، أشعر بالجوع!، وتجيب: هيّا لا وقت للتخاذل، ابنتك مريضة وعليك إحضارها للبيت، فكّري فقط بذلك. وذهبت هنا وفي الطريق كانت تسرع لِلحظات وتقول لنفسها " من كان يقول سيصبح لدينا سيّارة و سنقود وسط الزحام!" الحمد لله يا ربّ، إنّها لَنعمةٌ كبيرةٌ والله. تعود هنا إلى البيت ومعها ابنتها المريضة، وحالَ وصولِها يرنّ جرس الهاتف وهذه المرّة من محلّ النظّارات، وكان صوتاً رجاليّا جميلا يقول:

- سيّدة هنا، ما الخطب أكان الخطّ مقطوعا أم ماذا؟ لقد حاولنا الاتّصال بك مرارا ولم نستطِع التحدُّث

إليك، نظّاراتك جاهزة فهلّا حضرتِ لاستلامها رجاءً؟"

- نعم نعم بالطبع، سوف آتي بعد قليل، فهي تقيم في نفس المجمّع الذي فيه محلّ النظّارات، وحين تصل هنا إلى المحلّ تُفاجأ بأنّ عليها دفعَ مبلغٍ كبيرٍ من المال غير الذي تمّ الاتّفاق عليه، وهذا طبعا غير مُستحَبّ، فهي شديدة الدِّقّة في صرف المال، ولكن ما العمل! دفعتْ ما يلزم دون مقاومة فهي أغرمت بهاتين النظّارتين منذ اللحظة الأولى، كما حدث للشابّ الذي هاتفها معتقدا بأنّه سيحظى بالمزيد من اهتمامها لاحقا، ولكنْ ولسوء حظّه، فوجئَ بوجود ابنتها معها ، كما سمعها تقول لها" سوف نُحضر الدواء من الصيدليّة لنعودَ مسرعتين إلى المنزل، فإنّ أخاك سوف يرجع من المدرسة بعد قليل ولم يتسنَّ لي تحضير شيء للغداء".

في اليوم التالي استيقظتْ هنا بمزاجٍ كتابيٍّ معقول ، ولكنّها بحاجة لتنسيق أفكارها، ربّما لأنّها استيقظتْ على بكاء صديقتها سلمى على الهاتف وهي تقول" كرهت البلد، كرهت العائلة، أودّ الرحيل، لم أعُدْ أحتمل" فكلام سلمى ما زال يدوّي في أذنيها وهي قلقة بشأنها، تلك كانت صديقتها

الحميمة وهي منذ زمن تشتكي ولكنّ هنا لا تدري لماذا بدأتْ منذ فترة تحرّضها لتثور على واقعها بقولها " لمَ يجبُ أن تكوني الخاسرة دائما؟".

- أنت مُحِقة، أنا أشعر بأنّني الخاسرة دائما، لقد اهتممْتُ بكلّ شيءٍ بمفردي منذ البداية ومازلت، تعبت، ماذا أفعل؟".
تسرَح هنا مُحدِّثةً نفسَها، محاولةً تحليلَ الموقف، أيُعقلُ أن أكونَ مُعقَّدة؟ لقد مررتُ بنفس الظروف، وأنا كنت الخاسرة، في حين كان الجميع فرحين مستمتعين بالحياة. ولكنّني اعتقدتُ بأنّني تخطّيتُ تلك المرحلة، أيُعقلُ أن أكونَ مازلتُ أشعر بالغُبن؟ لا، لا أحبّ هذا الشعور، أنا أكره الضعف. تعود هنا محاولةً تعزيةَ نفسِها "لكنّني لم أقصِدْ أبدا أن أزيدَ أمورَ سلمى تعقيدا، بل كلّ ما أفترضُه أنّني أصبحتُ خبيرةً زوجيّة، ولقد أعطيتُها خبرتي، هذا كلّ ما في الأمر".

أحسّتْ هنا ببعض التحسُّن بعد هذا التحليل السريع" أو لربّما هو مفعول ال Nescafe الذي سرعان ما يعدّل مزاجها ، ولكنْ، وبعد قليل عادت وشعرتْ بنفس الضيق فها هي قد تذكرت كيف حرّضتْ صديقتها الأخرى على عدم الرضوخ لشروط

زوجها الخائن المتعجرف كما تصفه صديقتها فتتساءل " أيُعقل أن أكون مريضة؟ معقّدة أنا من الرجال؟ وأتمنّى لهم السوء دائما؟"، ولكنّها تعود وتتراجع أمام هذا الهاجس" لالالا يعقل، هذا لا يعقل فلطالما أحببتُ زوجي، أبي ، إخوتي وما زلت فكيف أفكّر بهذه الطريقة؟ لا لا يعقل". عندها تُقرّر مغادرة المنزل لتتنشّق بعض الهواء النقيّ كما تقول متجوِّلة بسيّارتها الجديدة في جزيرتها المفضّلة" هاواي" كما أسمتْها دائما.

صباح يوم جديد، وأفاقتْ هنا فوجدتْ نفسَها نائمةً في غرفة الأطفال على سرير ابنها" صحيح لقد تذكّرتُ.. فإنّ أسامة نائمٌ في مكاني على سريري ككلّ ليلة" لكنّ هنا شعرتْ بالغيرة فهي تفضّل الدفء حيث أنّها اعتادت وبخاصّة في الآونة الأخيرة أن تكون قريبة وقريبة جدّا من زوجها حبيبها" يا إلهي احفظه لي ولأولادي، لا أدري لماذا أشعر دائما بالخوف بأن أخسرَه، أخاف عليه" تعود هنا و تسألُ نفسَها" أما زلت تشكّين بأنّ هناك أخرى؟ لا لا أعتقد، فهي تعرف بأنّها غيورة، غيورة جدا" وكيف لا فهو يقابل المئات من الجميلات كلّ يوم ويسهر دائما خارج المنزل، كما

ويسافر كثيرا، ولكنْ مهلا فإنّها طبيعة عمله، وأنتِ تعرفين ذلك جيّدا منذ البداية، هو يقول لي ذلك دائما. أريد التخلّص من هذا الشعور، من شدّة خوفي عليه، فهو لطالما أثبت لي حبَّه ومازال يفعل، ثمّ تعود وتقول" أجل ولكنْ، كما يقولون الرجال ما إلهن أمان، ولكن لا ، يا الهي! أين النيسكافيه؟.

صباح يوم آخر جديد، وها هو جرس الهاتف يرنّ ليوقظ هنا مفزوعة، ألو ألو مدام، أحضري حقيبتك وتعالي حالا.

- ألو من؟ ألو متى؟ ماذا هناك؟

- لا لا سيّدتي، أعتذر النمرة خطأ

ولكنّها استيقظت الآن وهي مازالت بمزاج جميل، فإنّه يُفترض بأنّ اليوم هو يوم إجازتها، يوم السبت ما بعد عطلة نهاية الأسبوع، هكذا هنّ دوما ربّات المنازل، يعملن بعطلة الأسبوع ويعطّلن طيلة أيّامه، وهي كانت تفضّل النوم حتّى الواحدة ظهرا" كنتُ أريد الاحتفال بستارة النافذة الجديدة، فهي فعلا توحي بالنوم وتساعد عليه" ولكنْ ما من مشكلة فهي اعتادت على تحمُّل الاستفزازات " فلأحضّر

النيسكافيه كما تحضّر الدفتر والقلم وتبدأ بالتدوين " كانت عطلة أسبوع جيّدة، حمدا لله لا شِجارٌ ولا تعبٌ ولا ضيوف"تقول" البارحة كان يوم الجمعة وكان فعلا يوم جمعة جميلا فزوجي قد اصطحبَنا إلى مطعم بعيد وجميل كما زوجي، فلقد كان جميلا ولطيفا جدّا كما يحاول أن يكون دوما بعد ليلتنا الخميسيّة، تشرب هنا النيسكافيه ثمّ تعود لتحدّث نفسها " أحاول تجاهل بعض التفاصيل، لكنّ بعضا منها يقلقني، فأنا أحسّ بما يعانيه حبيبي ولا أدري كيف أساعده، أعرف مشكلته فهو لم يعُدْ يطيق الغربة، ويموت شوقا للوطن، وكيف لا فلقد لاقى الكثير من الترحيب والصحبة الجميلة في السنتَين الأخيرتين، ولم يكُن يفكّر إطلاقا بتركه ثانية إلى أيّ مكان آخر في الدنيا، ولكنْ.. العمل، ظروف العمل تحكُم، وها قد حكمتْ بقضائه سنتَين إضافيّتين خارجا في بلد استهلكت من عمره الصغير أكثر من نصفه. أعترفُ بأنّي لم أرُق الحياة هناك، ولكنّي لا أمانع إن كانت ما يتمنّاه، فلطالما تشوّقت لرؤيته سعيدا، قويّا وفخورا بنفسه، ولطالما كنتُ مع الحرّيّة وشجّعتُها حتّى لو خربتْ بيوتا كانت عامرة". ما أطيب النيسكافيه صباحا، فها هي قد بدأت تستيقظ وهذا أفضل لأنّ لديها العديد من

التفاصيل الصغيرة لتقوم بها و إن لم تكُن نشيطة فسوف تندم لاحقا.

يوم جديد ربّما كان الأربعاء وهنا اليوم على عجلة من أمرها فهي منتظرة لصديقاتها حيث سيذهبن لتناوُل القهوة في فندق مرموق، ولكنْ وبما أنّها انتهتْ من تحضير نفسها مبكرا فلقد سنحت لها الفرصة بتدوين بعض الملاحظات " لا أدري لماذا خطرت في بالي، تذكّرتُ معاملتَها السيّئة لي حين كنتُ هناك، حسنا أنا أعرف بأنّ لها أسبابَها كما تظنّ ولكنّني لا أستطيع إقناع نفسي بأعذارها، فهي قد محَتْنا من ذاكرتها كلّنا دون استثناء، حسنا فهي تقول بأنّنا تسبّبنا لها بكثير من الأذى، ربّما هي على حقّ، فأنا أوافقها الرأي بأنّ لدينا عائلةً رائعة وحسبُ، ولكنّها تكبُرني بكثير، فهي قريبة لسنّ أمّي فكيف تفكّر بي على هذا النحو؟ أو كيف تغار منّي؟ ماذا أعني لها؟ فأنا مجرّد أخت صغيرة ،أو مجرّد ابنة لها فأنا من عمر بناتها، ولكنْ لا يهمّ " الغيرة دائما موجودة بين القريبات حتّى بين الأخوات".

اليوم هنا مازالت مصعوقة بخبرٍ سمعتْهُ البارحة مساءً من صديقتها الجديدة " يا إلهي من كان

يصدّق، لم يخطر على بالي يوما بأنّ هذه الفتاة ليست ابنتها الحقيقيّة، أشعر وكأنّني أشاهد فيلما، أيُعقل هذا؟، ولكنْ أجل فهي اعترفت لي بذلك ، لقد تبنّتها بعد معاناة دامت أكثر من 10 سنوات دون الحصول على طفل من صُلبها، ولكنّ المشكلة ليست هنا، إنّما لطالما شعرتُ بأنّ هناك حلقة مفقودة، فهي لم تخبرْني يوما عن ولادتها أو حتّى حملها بها ، ولكنْ رغم ذلك لم أشكَّ يوما بذلك لأنّها تُعاملها دوما بطريقة رائعة ولديها الكثير من الأحلام التي تطمح بتحقيقها لابنتها تلك، ولكنْ سبحان الله فأنا اليوم رافقتُها إلى الدكتور لأنّ الطفلة لم تكُنْ بخير، وشعرت بشيءٍ من الإحساس بعدم الأمان من قِبل الطفلة، وكيف لا!! فهي وصلتْ لصديقتي بعد أن أتمّت ستّة أشهر في الملجأ، وهذه فترة ليست بالقصيرة، كما وأنّها مرحلة أساسيّة في عمر الطفل، يكوّن فيها انطباعَه عن والدته، وإحساسَهُ بوجودها وحنانها، وبدأتُ أشعر بأنّ الأمّ غير جدّيّة تماما بالعناية بالطفلة وصحّتها، لا أريد أن أفكّر بهذه الطريقة فهي لطالما بذلت جهدا لكي تكون أمّاً صالحة ولطالما سألتني عن تفاصيلَ لا تعرف أجوبتَها بالرغم من إحساسها بعدم القدرة

على الإنجاب وأنا أعتقد بأنّها لو لمْ تخبرْني الحقيقة لما فكّرتُ يوما بذلك.

يومٌ آخر وهنا ممتعضة، فهي لم تستطِعْ تدوينَ حرفٍ منذ يومين " أنا مشغولة جدّا، أجل إنّها عطلة الأسبوع ولكَم كرهتُه لكثرة ما يحمل على كاهلي من ضغوطات، ولكنْ هذه المرّة كان مميّزا بسبب الفالنتاينز، أعترف بأنّني لم أسمعْ بهذا الاسم من قبل ، ولا حتّى زوجي ، لم يكُنْ في قاموسنا ولم نكُن نفتقده حتّى، أمّا الآن وبعد أن تطوّرنا وأصبحنا أكثر انفتاحا فلقد أرسلنا رسائلَ معايدةٍ متبادلةٍ بهذه المناسبة كما وأنّني تلقّيتُ الورود من قِبله بالمناسبة، حتّى أنّه كتب على البطاقة أنّه يحبّني!. لستُ أدري لماذا لكنّني عندها كرهتُ الفالنتاينز، ومناسبات الاستعراض كافّة فانا أعرف زوجي وأعرف بأنّه لا يحبّ كثرة الكلام، ولطالما بدأ بالكلام فهذا يعني بأنّه ليس زوجي. " أ ش ك"

في ذاك اليوم، أظنّه كان يوم الثلاثاء، هنا تتذكر " قصّتي مع الممرّ/ الكوريدور طويلة جدّا، عمرها ستّ سنوات، رغم الفارق البسيط بطول الممرّ/ الكوريدور، حيث أنّ ممرّ/ كوريدور الشقة الجديدة أطول من الكوريدور القديم، ولكنْ ما زال اسمه

كوريدور ويمتلك نفس المواصفات، قصّتي مع الكوريدور تحتوي على الكثير من الدُّوار فأنا اعتدت أن أقطعه مئاتِ المرّات يوميّاً، ذهابا وإيابا، خاصّة عندما كان ابني صغيرا، كما أنّني أحيانا كنتُ أعبره دون سببٍ فقط لشعوري بالملل، ولطالما تمشّيتُ فيه أثناء حملي آملةً أن يُخفِّف المشيُ عنّي آلام الولادة، وها أنذا أعود له بعد غيابٍ دام ثلاث سنوات، ولكن ولا أدري لماذا شعرتُ بنفس الضيق الشديد قبل اجتيازه، فهذا الكوريدور يبدو أطولَ و أضيقَ من ذي قبل، لقد بدأتُ أشعر بنفس الاختناق و الدُّوار، ولكنّني عزمتُ على أن أعبُرَه فأغمضتُ عينيَّ وقطعتُ بعونه الكوريدور".

في مثل هذا اليوم هنا مؤنِّبةً نفسَها " كيف فعلت ذلك، يا إلهي لم أكُنْ لأجرؤ على قول ما قلتُ فلقد كان فظيعا، لا أدري كيف استطعتُ، ولكنْ لقد فعلتها، لقد بحتُ بما في صدري، بما كان يقضّ مضجعي، فأنا مغرمة حتّى الثمالة ولستُ مستعِدّة إطلاقا للتخلّي عنه لأيّ سببٍ من الأسباب ولأيٍّ كان، وغيورة أيضا، غيورة جدّا حتّى من نسمة الهواء، ولكنّ ما قلتُه كان فظيعا ولقد آلمني كثيرا

فكيف إذا كان وقعُهُ عليه؟. إنّي حقّا أعتذر، أعتذر ألف مرّة عن كلّ لحظةٍ وضع يدَهُ على صدره فيها ألما، لقد قلتُ بأنّنا على مفترق، لقد قلتُ إنّني أخسره، لقد قلتُ بأنّنا ربّما نفترق، لقد قلتُ بأنّني راحلة، يا إلهي كيف قلتُ كلّ هذا، فأنا لن أرحل ما حييتُ، ونحن لن نفترق ما حيينا، ولسنا أصلا على مفترق، لقد أكّد لي.

أفكارٌ ثلاث، أرّقت وتؤرّق فكرَها المشوّش، بعد قضاء شهور انفراديّا متأثرة بعزلتها، لدى هنا ثلاثة أفكار تشغل بالها، أوّلها ما تسمّيه السنة الهنديّة " أجل إنّها السنة الهنديّة فقلد قضيتُ معظمها برفقة صديقاتي الهنديّات "وحتّى طعامي أصبح هنديّا"، فلقد كنتُ متحمّسةً جدّا، تعلمتُ منهنّ الكثير الكثير الهنديّ ككثرة الصلاة والشكر وحتّى الأناقة فهنّ لهنّ نكهةٌ خاصّة مع الساري الحرير، الشيفون والأورغانزا، إنّه حقّا جميل".

" أمّا الفكرة الثانية فهي" مغزى حديثنا، فقلد كان جيّدا، جيّدا جدّا فإنّ صديقتي أخبرهنّ بي ولقد أجابت على أسئلتي حتّى قبل أن أسألها، أجل لقد قالت بأنّ أمّي لم تعرفْ كيف تحبّني أو ربّما لم تعرفْ كيف تعبّر عن حبّها لي ، ربّما لصغر سنّها

والأكثر احتمالا، لعدم حبٍّ متوارث. هنا مربط الفرس فها أنا أكتشف العقدة أخيرا، يبقى فقط أن أجد الحلّ، وكيف لا فأنا فعلتُ ذلك مرارا، لطالما صدمتُ من أحبّوني، وكان ذلك مقصودا وأنا لا أعرف لمَ أفعلُ ذلك، أمّا الآن فأنا أعرف الجواب، أنا أخاف من الحبّ، ولا أستطيع تحمُّل مسؤوليّته، لم أعتَدْ عليه.

أمّا الموضوع الثالث فهو الحلم " حقّاً لقد قالت بأنّه من حقّي أن أحلم حيث كان حديثنا عن كتابتي وحلمي بنشر ما أكتب فلقد قالت بأنّه من حقّي أن أحلم وبأن أحوّل أحلامي إلى حقيقة ما استطعتُ، أعرف لمَ قالت ذلك، فهي تعرف بأنّني ضحّيتُ بالعديد من أحلامي لسبب أو دون سبب، أعرف بأنّها تحاول رفعَ معنويّاتي دائما، ولكنْ هذه المرّة لم يرُقْني الحديث، وأعرف لماذا فلقد ذكّرني الكلام بحبيبي ،حين قال بأنّه ليس من حقّي مصادرةُ أحلامِه وهذا صحيح، وأنا أعرف ذلك فهو له الحقّ بأنْ يحلُمَ مثلي تماما وبأنْ يحاولَ تحقيقَ أحلامه لأنّه وباعتقادي " الحلم هو ما نرغب به فعلا وليس مجرّد حلم، وباعتقادي أيضا أنّ ما نراه حلما هو

أكثر ما نتوق إليه لدرجة أنّه يصبح حلما بالنسبة لنا، وحلم حبيبي هو الحرّيّة و كم هي غالية الثمن".

هنا منتشية " أخيرا أشرقتْ شمسي بعد أن تلبّدتْ سمائي بغيومٍ كثيرةٍ كثيرة وهطلتْ أمطارٌ وأمطار، أخيرا أراها ولو قليلا فما زالتْ بعض الغيوم هناك ومازال بعض المطر، ولكنْ لا يُهمّ فالأمل بدأ يعود بأنّ الحياة ستعود، هذه المرّة لم تكُنْ ككلّ المرّات فالوضع خطير ودقيق، أجل لقد شعرتُ بخوفٍ حقيقيّ، هذه المرّة بخلاف كلّ مرّة فحبلُ المودّة كاد أن ينقطعَ، هذه المرّة اختلفتْ كثيرا عن كلّ مرّة فلا رغبة لكلّينا حتّى بالشّجار، فنحن منهكَين، مرهقَين ولم نعُدْ نستطيعُ بذلَ أيّ مجهودٍ إضافيٍّ مهما كان صغيرا، لقد استهلكتْنا الظروف، أنهكتْنا وأنهكتنا الحياة، ولكنْ الحمد لله فها نحن بدأنا نشقّ الطريق ثانيةً علّهُ أفضل هذه المرّة، فأنا لم تعُدْ لديّ المقدرة حتّى على الفهم وما أعرفه فقط هو أنّني لم أعُدْ أستطيع تحمُّل الضيق ولذلك خِفتُ كثيرا، وكأنّه كان ندائي الأخير.

..... وهنا متأثّرة " ما شاهدتُه البارحة كان جميلا، حقّا جميلا جدّا، فأصدقائي الهنود لهم طقوسٌ أخرى، المناسبة كانت عيدَ ميلاد، وصديقتي هي

من أقامت الحفلة حتّى أنّها لم تُخبرْ أيّا من المعازيم عن سبب الدعوة، فقط هي مَن تعرف وزوج صديقتي يعرف المناسبة أيضا، طبعا لقد حزرت وتحسّبتُ بهديّة فأنا توقّعتُ شيئا كهذا استنادا لحديث سابق معها، أمّا زوجها فإنّه حقّا مميّز وكأنّه نجم سينما ممّا يؤدّيه من رقصات وغناء، ولكنّ ما أدهشَني هو كمُّ الحبِّ الذي يكنّه هؤلاء الناس البسطاء لبعضهم البعض، ولكَم أدهشَني كمُّ العطف الذي يكنّه ذاك الرجل ليس فقط لزوجته العاقر وإنّما لابنته بالتبنّي.

بداية الهلوسة، أخبرتْني صديقتي"أتعلمين! بدأتُ للتوّ أحبّ البلد وبدأتُ للتوّ أصدّق ما كنتِ تقولينَه بأنّ الحياة جميلة جدّا هنا ومريحة، فعلا معك حقّ فأنا كنتُ جدّا مخطئة حين لعنتُ الساعة التي دخلتُ فيها المطار و كنتُ مخطئة حين قلت لك بأنّني لستُ محظوظة وبأنّني أعرف قدري، أتعلمين وبعد أن استلمتُ وظيفتي الجديدة كلّ شيءٍ تغيّر، تحوّل ليصبح أزهى، فعلا كيف لم أفكّر بهذا من قبل؟ فأنا سبق وعملتُ كموظّفة، لستُ من النوع الذي يستمتع بحياة المنزل، كلّ هذه الفترة وأنا أغالط نفسي بأنّني يجب أن أصبرَ ويجبُ أنْ أقبلَ الواقعَ على الأقلّ

لأجل ابنتي فهي ما تزال صغيرة، وأنتِ تعلمين فلقد حفيتُ وراءها! ولطالما انتظرتُها، ولكنْ ورغم كلّ ذلك فأنا اليوم مقتنعةٌ تماما بأنّنا نحن من نصنع قدرنا بقيامنا بما نحبّ ونحن من نغيّر قدرنا ليصبح قدرا جميلا كما نحبّ.

حبيبتي تمارا، لطالما حلمتُ أنْ أحتضنَكِ بين ذراعيَّ، ولطالما حلمتُ بأنْ أدلّلكِ كما إخوتك الصبيان فأنا بحاجة جدّا إليك، أحتاجكِ كثيرا و أكثر من أيّ وقتٍ مضى فأنا أسمع بأنّ الأمَّ سرُّ ابنتِها ولكن الآن أحسّ وبهذه الظروف بأنّك أنت سرّي ولا أحتاج سواك، وأريد يا بنتي أن أبكي على صدركِ حتّى أملّ البكاء فأنا وحيدة وكئيبة جدّا، فوالدك الذي طالما أحبَّكِ هو الآخر، بعيدٌ جدّا عنّي وعنكِ وغارقٌ في أحزانه مثلي تماما. حبيبتي لربّما لن أراكِ ولكنّك في قلبي و أعرف بأنّكِ تعرفين بأنّني فضّلتُ الصّبية على البنات و لكنّني أعرف أيضا بأنّك تعرفين لماذا! حبيبتي إنّ صباحيّاتي كلّها لك و هي كلّ ما أملك، فأنا أريدكِ أن تعرفيني، أنْ تقتربي منّي لعلّكِ تجدين شيئا من أمّك.

تعود هنا لترتيب البيت مع كثيرٍ من الدوار وتهذي " عجبتُ لأمر ذاك الفيزو، منذ يومين وأنا أنظر

لابني فوجئتُ كيف أنّ الفيزو الذي يرتدي قد تمزّق، ولكنّي لطالما استغربتُ فأنا ظننتُ بأنّه لم يمضِ وقتٌ على شراء ذلك الفيزو حيث كان ابني بالحضانة، أذكر جيّدا حين طلبَتْهُ المدرسة للقيام بالحفل السنويّ وارتدائه كلباس موحَّد، واليومَ كما البارحة فوجئتُ بأنّ ذاك الفيزو قد تمزّق و حتّى أنّني أستطيع أن أرى بأنّه قد صغُر كثيرا أيضا، وما يدهشني هو أنّني ظننتُ نفسي مقرَّبةً من أولادي وأعتني بهم جيّدا والدليل على ذلك طردي لخادمتي تلك السنة، لستُ أدري لقد خفتُ هذا الصباح، فيدهشني منظر هذا الفيزو، كيف تمزّق لا بل كيف صغُر حجمُه وأنا بالأمس اشتريتُه، أين كنتُ كلّ ذلك الوقت؟ هل أنا حقّا أمٌّ لابني؟ هل لديَّ حقّا أولاد؟ هل أنا حقّا حيّة و أدرك ما يدور من حولي؟ ساعدني يا ربّ فأنا لا أفهم الفيزو".

وتسمِّعُ الدرس لنفسِها لتزيدَ من مستوى ثقافتها الوهميّة " أدهشَني ما قاله ذاك الرجل فلطالما أُعجِبتُ بكاتبنا الكبير أنيس منصور، لكنْ.. البارحة عندما كان يتحدّث عن الراحل الكبير عبد الوهّاب كان مدهشا، حقّا فلقد قال " قال لي عبد الوهّاب بأنّه لكي نحافظ علي شيء ما يجبُ علينا أن نحافظ على

الأداة التي تساعدنا على الحصول على ما نريد، فمثلا عبد الوهّاب كان لا يشرب الخمرة- لا يصرخ، لا يتوتّر وكان ينام طويلا في غرفة معزولة كالأموات وحين يصحو في الصباح يقول " خطر على بالي هذا اللحن، وهو يقول بأنّ العُزلة كانتِ المكانَ الآخرَ لحضانةِ مثلِ هذه الألحان كما البيضة التي نحفظُها في مكانٍ آمنٍ في منأى عن كلّ شيء و في درجة حرارةٍ معتدلة، ثابتةٍ لا تتغيّر، وأنا - يقول أنيس منصور - تعلمتُ من عبد الوهّاب الكثيرَ غيرَ الغناء حيث أنّني لم أكُنْ أفكّر قطُّ بطَرق هذا الباب.أمّا عن حديث أنيس منصور عن السيّدة أمّ كلثوم فقال " كانت أمّ كثوم مطيعة جدّا رغم عظَمتها وكانت تتبع الإرشادات بأدقّ تفاصيلها وكانت قبل أن تخرج إلى المسرح تفرُك بمنديلها ويداها تتصبّبان عرقا ويقول منصور " لقد دخلتُ صدفةً منزل السيّدة أمّ كلثوم وسمعتُ صوتا كصوت الراديو وكان عاليا جدّا ولقد تعجّبتُ لذلك وحين فتحتُ باب الغرفة وجدتُ السيّدة العظيمة تستمع إلى أغنيتها الجديدة و تقول " الله الله يا سوما" وحين سألتُها قالت أنا أحترم جُهد هذه المرأة التي غنّت هذه الأغنية" كما عليك أنْ تحترمَ جُهدَك و كتُبَك لأنّها عصارة وقتٍ وجهدٍ وتفكير، ويتابع

منصور" حيث أنّني لم أجرؤ يوما على قراءة أيٍّ من كتُبي". وتضحك هنا مختالة بما لقطته من معلومات قد تفيدها في صالونٍ نسائيٍّ ذاتَ يوم تتبجّح فيه بما لها من عقل راجح ومعلومات ثقافيّة واسعة.

برنامج وأوهامها الثقافيّة " البارحة أعجبَني ما قاله الفنّان الكبير نور الشريف حيث كان ضيفا على برنامج " خليك بالبيت مع الأستاذ زاهي وهبي" قال نور" لقد ظنّ الناس بأنني مع مبدأ تعدُّد الزوجات، حتّى أنّهم اتّهموا كاتب الرواية عبّاس صلاح بأنّه يشجِّع تعدُّد الزوجات وبأنّ مسلسل الحجّ متولّي جاء بالوقت الخطأ، حيث يجبُ أن يكون الشارع العربيّ متوجِّها نحو القدس لتحريرها وليس للمحاكم الشرعيّة لتعدُّد الزيجات. يتابع نور " أنا ضدّ تعدُّد الزوجات وأنا معه بحالات نادرة و شاذّة جدّا فقط كعدم الإنجاب" ، وتكمل هنا "ما أعجبَني هو أسلوب نور الشريف بشرح وجهة نظره وبطريقة توصيلها لجمهوره، فإنّه حقّا إنسانٌ ناضج، لديه الكثير من الخبرة و هو حزين، حزينٌ جدّا لما يجري و متشائم جدّا ممّا سيجري لنا كعرب

ككلّ، وبالمناسبة فهو أبو البنات، حيثُ أنجبَ ابنتين فقط و اكتفى بهما" وتضحك هنا معقّبة، لمن أشرح؟

الليلة من المفترض أنّنا مدعوّون إلى حفل عشاء لدى بعض أصدقائنا غير المقرّبين، ولكنّ زوجي المسكين قرّر عدم الذهاب، فهو أوّلا يشعر بتوعّكٍ جرّاء" سفقة هواء" وثانيا فهو غاضبٌ منّي جرّاء خلافاتنا الأخيرة، ثالثا فهو البارحة شعر بخوفٍ شديدٍ على الأولاد جرّاء شرائي لهم لعبة " الفرد مع الخرز" حيث أرعبَه المنظر، خاصّة أنّه يخاف جدّا من الآلات الحادّة، فهو غادر إلى العمل صباحا حتّى دون أنْ يصبِّحَ أحدا منّا ولم يشرب حتّى النيسكافيه، المهمّ أنّه وعلى عكس المفترض، لستُ بغاضبةٍ و لا ينتابني الشعور بأنّه لا يرغب باصطحابي كالعادة، و بأنّه يتلكأ، لا بل على العكس فأنا أشفق عليه، كثيرا أشفق عليه فهو شخصٌ حزينٌ جدّا، ضعيفٌ جدّا ويخاف يخاف حتّى الموت علينا جميعا، البارحة كنتُ خارجا لقضاء بعض الحاجات وحين عدتُ وجدتُه نائما أو ما كان يدّعيه، شعرتُ بأنّه لم يرُقْه خروجي في ذاك الطقس السيّئ.

متماهية "يروقني كثيرا هذا العنوان " The beauty and the beast" أي الحسناء والوحش، إنّها قصّة خرافيّة لفتاة صغيرة جميلة ضاعت في الغابة الكبيرة إلى أنْ وصلت بطريق الصدفة إلى القصر المهجور الذي يسكنه الوحش. ما يروقني هو أنّني أحسّ بأنّني الحسناء رغم أنّني بدينة و قصيرة ومُسنّة و لم أتُهْ بالغابة، وبأنّ حبيبي الجميل النحيف الطويل هو الوحش الذي يحتاج لكلّ الدلال والاهتمام و الحنان و إلّا أكل الحسناء أو أقلّه رمى بها بعيدا عن حلقة اهتماماته، فأنا أحسّ بأنّني في القصر المهجور مع الوحش بمفردنا ولن أنجوَ إلّا إذا أحبّني كثيرا، ولذلك فها أنذا أراقصه مرتدية أبهى الملابس و حسناء تماما، ولكنْ هل حقّا أنا الحسناء و هو الوحش؟ وهل إذا كنّا حقّا كذلك سوف نصل إلى نفس النهاية كما في الخرافة؟ أم أنّ الخرافة تبقى مجرد خرافة؟".

يحيّرني معنى الإحساس ومدى أهمّيّته في حياتنا، وهل هو حقّا مهمّ؟ أو هل يجب أن نُحسَّ و نشعرَ مادمنا على قيد الحياة؟ أم أنّنا نستطيع العيش دونه، مجرّد آلات تحرّكنا الظروف؟ فمثلا أتذكّر أنّني أمضيتُ الثلاث سنوات الماضية دون أيّ مشاعر أو

بالأحرى لم أكُنْ أقوى على ردود الفعل ، تحت تأثير المخدّر، لذلك فإنّني حتّى لا أستطيع تذكُّر الحالة ووصفها بدقة، ما أذكره في تلك الفترة وفاة ابن الجيران، فلقد ذرفتُ دموعا كثيرة ولكنّني متأكّدة بأنّني لم أكُنْ أبكيه، ولم يكُنْ تأثُّراً بأمّه المسكينة التي كادت أن تفقد عقلها، حين أتذكر أسأل نفسي، لمَ حقّا بكيتُ إذن؟ لستُ أدري، ربّما بكيتُ الحياة بشكلٍ عامّ، أو لربّما كانت دموع التماسيح؟"..... ولكنْ فلنقُلْ كنتُ سعيدة، لا أعتقد، لا فأنا مازلت أذكر يومَ دعانا صديقُنا لحفل زفافه، حين اشتكى الجميع من شحوب وجهي و تجهُّمي، وأيضا لم أكُن لأدري لماذا! وبالأحرى لا توجد أسباب كافية لتحزني إلى هذا الحدّ، أمّا اليوم فأنا أحسّ بأنّني أفقتُ من غيبوبتي و بدأتُ أحسّ بما يدور من حولي وهذا ما يؤلمني".

اليومَ اشتريتُ الشريط الجديد لفيروز "ولا كيف" هذا ما أسماه زياد فإنّ زياد دائما مميّز وغريب الأطوار، ولكنّ ما أعجبني هو إيمان السيّدة بولدها وقبول غناء ألحانه بعد انقطاعها عن الغناء لمدّة دامت سنوات. لقد أعجبني شيء آخر أيضا وهو كلمات الأغاني فكلّ كلمة كانت تصف إحساسات

تمسّني كثيرا، فأنا حين سمعت الكاسيت استعدتُ شيئا من ثقتي بنفسي وبعقلي حيث كنتُ قد بدأتُ أشكّ بأنّني مازلت عاقلة و بدأتُ أظنّ بأنّني أصبحتُ من المجانين. شريط كاسيت فيروز أعاد لي شيئا من الروح فأنا سحبتُ روحي منّي منذ فترة ليست بقصيرة، وها أنذا أحيا بلا روح. شريط فيروز جعلني أبكي وأبكي علّني أنال استغفار الربّ فأنا شككتُ بوجوده مؤخّرا. شريط فيروز خلق لي دينا جديدا بعد أن أغفلت ديني.

بمزيدٍ من الأسى واللوعة، هنا مستمعةٌ لصديقتها " ذاك الطفل المسكين، لقد جاء في الوقت الخطأ، فأنا يومَها من أصرّ على ذلك، أجل فلقد كنّا على خلاف وخلافنا كان حادّا جدّا، وكيف لا ونحن ننفصل، أجل أنا من أصرّ على ذلك، وهو لم يرفض فهو كان دائما مرحّبا، ذاك الطفل المسكين علق في أحشائي رغم أنّني اعتقدتُ بأنّي محتاطةٌ بشكلٍ كافٍ، لقد علق في أحشائي وأراد أن يحيا فبعد عدّة أسابيع حين أجريتُ السونار قالوا لي بأنّه في مكانٍ آمنٍ بعيدٍ عن الخطر، ويبدو قويّا ويمكنه الاستمرار رغم النزيف الحادّ، ولكنّه يحتاج لبعض المثبّتات، ذاك الطفل المسكين لم يعلمْ بأنّه لا يستطيع الحياة

دون أمٍّ وأب، فأنا لستُ جاهزةً لذلك، كما والده فهو أيضا غائب ويرفض العودة، لذلك وفي اليوم التالي دخلتُ المستشفى لعمليّة الإجهاض، أجلْ بكلّ بساطة أجهضتُه ولم أشعر قطُّ بالأسى، لطالما قلتُ بأنّني ضدّ الإجهاض وها أنذا أجهضه، وأعود للبيت كأنّ طفلا في أحشائي لم يكُن". لا تبكي حبيبتي فإنّ ما حدث قد حدث، استغفري ربّك وأكثري من عمل الخير.

البارحة كان عيد الأمّ و هنا تحادث أمّها:

- مرحبا، كلّ عيد أمٍّ وأنت بخير

الأمّ "على العافية، يا هلا وعليك"

- ماذا يا أختي صار معنا هاتف نقال؟

الأمّ: "ماذا نفعل، للضرورة أحكام"

-أحببتُ أن أعيّدك، نراكم قريبا

الأمّ: "هانت باقي شهرين"

بعد ذلك اتّصلت هنا وكلّمتْ أمّها الثانية

- على العافية يا أختي كيف حالك، كلّ عيد أمّ وأنت بخير

الوالدة" الله يعافيك ويبقيك ويبقي أهلك وإخوتك أين ابنـي؟

- هو بالعمل ويسلم عليكِ كيف الصحّة؟

الوالدة " بخير يا حبيبتي كلمونا دائما أين الأولاد؟

-ها هم تحدّثي إليهم.

......وهنا تعزّي نفسها محاورةً ظلها" هاتان الأمّان هما نموذج عن كلّ الأمّهات، و من ضمنهنّ أنا، فأنا أذكر بأنّني حين كنتُ صغيرة لم أكُنْ قطُّ معجبةً بأيٍّ منهما، أمّا الآنَ وبعد أن أصبحتُ أمّاً بدأتُ أفهم.

هكذا دواليك

هذه القصّة تدور حول عائلة من القرن الماضي، تواجه تحدّيات التطوُّر التكنولوجيّ الذي غزا كوكبنا الأرض دون سابق إنذار، تبدأ الأحداث منذ بدء التحوُّل الملحوظ بالعلاقات بين أفراد تلك العائلة، فالأعمار متقاربة بين أبنائها، أو بالأحرى بين جزءٍ من أبنائها و لكنّها متقاربة أيضا بين الجزء الثاني من أبنائها ، أجل فهذا ما كانت عليه العائلات في القرن الماضي.

الجزء الأوّل من الأبناء عاش القرن الماضي و تعايش مع القرن الحاليّ، مع كلّ ما حمل من مخلّفاتٍ لا يمكن إصلاحها، أمّا الرعيل الثاني فلقد واكب التطوُّر لا بل وسبقَه في كثير من الأحيان.

الرعيل الأوّل ينقسم بدوره إلى قسمين، منهم المتفهِّم الذي لا يبالي بكمّ الربح و الخسارة، ومنهم الحاقد على سوء طالعه، ناقماً على من جاء بعده، و نعم بالخيرات تلك.

الأمّ المسكينة تحاول التوفيق، لكنّها لا تُوفَّق في معظم الأوقات كما الأمّهات جميعا، فهنّ يتُهنَ بين رغباتهنّ التي لم يحصلنَ عليها وما يرغبنَ به حقّا،

وبين ما يرغب به أبناؤهنّ حقّا أيضا، في حالة تزويج البنات مثلا، تجد الأمّ تبحثُ عن عريس يلائم طموحاتها المكبوتة، فهي لا تعترف بكلّ ما قام به الزوج المسكين طيلة خمسين عاما من الكفاح، فهو بنظرها مَيلة بختها.

أعجبني دور الأب، فهو يعرف مدى كآبة زوجته، لكنّه لا يحقد عليها لا بل على العكس من ذلك تراه يزيد محبّة و تعلُّقا بمرور الزمن، علما بأنّه يعرف أنّها تعتبر تعاطُفَه نوعا من الشفقة ليس إلّا، فهي لا تعترف بالحبّ، أو بالأحرى الحبّ يعني لها شيئا آخر هي لم تعرفه قطُّ في حياتها مع ذلك الرجل البارد، كما تقول و هي تعرف بأنّها لن تجرّبَه قطُّ فهي زوجة عاقلة قنوعة و تعرف الله جيّدا، لكنّها أبدا غير راضية، و كلّ ذلك ينعكس على الأبناء المساكين طموحات تكاد تكون مستحيلة لكنّها ضروريّة وهي بالنسبة لها المقياس الوحيد للنجاح و إلّا فسوف تفشل ثانية كما فشلت مع ميلة بختها، هكذا هي تعتقد.

الأب المسكين، يركض الليل قبل النهار، لأنّ المعيشة أصبحت لا تُطاق و الطلبات لا تنتهي، دائما بطلب المزيد فهي تقول ألا يكفي أنّنا لم نعِشْ حياتَنا ما ذنْبُ أولادِنا. و يتذكّر أنّه نصحَها كثيرا

فكثرة الإنجاب لا تجدي نفعا فهم لن يدخلونا الجنّة، لكنّها مؤمنة و لا تُغضب الله، فهي لم تقصد ذلك.

لا يهمّ فالأب متفهِّمٌ فهي ليست سوى امرأةٍ و هو من القرن الماضي يعتبر المرأة مخلوقا حسّاسا و ضعيفا يحتاج للرعاية فالأب هو رجل المنزل، لا يجوز للمركب أن يقودَها اثنان .

حصل و خالفتْ واحدةٌ من البنات الأوامر، فهي أحبّت ذلك الشابّ و رغبت بالزواج منه، وطبعا لم يكُنْ لها ما أرادت، فالعريس دون المستوى، قالت الأمّ، و الأب من رأي أمّ العروس الغير موافقة و يعتقد بأنّ رأيَها صائبٌ في ذلك، فالبنت لن تَسعدَ معه.

و بعد صراعات مريرة تبدأ صراعات أخرى، وترى الأبناء كلٌّ في طريق، والزوجان يرتشفان القهوة صباحا نادبَين حظّهما على خِلفتهما، فهم ربّوا للناس.

الأمّ من ناحية مسرورةٌ ببعض الخصوصيّة فهي لم تنعم بها طيلة خمسين عاما، و تحاول اقتناص بعض الحبّ الذي أغفلتْه طيلة حياتها، أمّا الأب فهو يحاول تعويض ما فاته من اهتمامات لم تكُن مهمّة له سابقا...

و لكنْ و كما العادة فهما يختلفان على كلّ شيء، فالأمّ محافِظةً و تجد التطوُّر نقمةً و ليس نعمة بينما الزوج يرى العكس فهو سعيد بما يراه و يسمعه و يحاول لحاق الركب و تعويض ما فاته.

أمّا الأبناء، فليسوا بأفضل حالٍ منهما، فهم بدورهم أصبحوا أمّهاتٍ و آباء، و من الغريب أنّ البنات في الغالب يلبسنَ ثوب الأمّ و كذلك الأبناء فهم نسخة من آبائهم، و هكذا دواليك...... ويجيبها، رائع جميلٌ سردُك ولكنْ أين القصّة؟ وتجيب هنا " لا تكُنْ ساذجا وتعلّم الحداثة، البدايات نهايات والحبكة خاطرة قد تحمل أكثر من معنى وبسرعة البرق، لا وقتَ لدينا نضيعه
بالسرد وبالقصص، أفَهمتَ المغزى؟........... ربّما، أرجو ذلك، يا صاحبة المشاغبات اللذيذة.

ستاتس (موقفي لليوم)

بعد تفكيرٍ عميق، تُقرِّر هنا دخول معترك الأدب والشعر، وتبدأ بتسويق أفكارها عبر الشبكة العنكبوتيّة الخبيثة، حيث تبحث عن الحقيقة لتجدَها مرميّة على الرصيف قرب النافذة. تفتح هنا لنفسها صفحةً على الفيسبوك، تبحر فيها مرتطِمةً بالأمواج الفكريّة المتشعّبة والمتلعثمة مرّة والمتناقضة ألف مرّة.

- ستاتس رقم 1:

يومٌ جديدٌ بهمومٍ جديدة ومتتبّعات، البارحة في حينه كان يوما جديدا في همومه ومتتبّعاته، لستُ متأكّدة بشأن الغد، هل هناك من يومٍ جديدٍ بهمومه ومتتبّعاته؟ ما بين البارحة ، اليوم والغد غير المؤكّد وبين همومي ومتتبّعاتها، هل هناك من أنا جديد؟ وإنْ لم أتجدّد كيف لي أن أتدبّر همومي وأتدبّر متتبّعاتها؟ كم من جديد بتُّ أنا وكم من همٍّ ومتتبّعاته تخطّيت، أفهل ما زال من الوقت متّسعٌ للتعلُّم؟ وكم هناك من الوقت لتكرار نفس الأخطاء؟. مخيّلة مبهمة مشوّشة، جلّ ما تتوق إليه الإنصات

ولكنّ المشروط على الكلام أن يكون حلوا شهيَّ المذاق، العقل متخمٌ يئنّ تعَبا وحيرة، فسبحان مغيِّر الأحوال بالأمس عرض المساعدة العظمى واليوم يرقد بين حياةٍ وموت، على من نُراهن؟ على ما نُراهن، الغد؟ أيّ غد؟ أين نحن؟ من يحمينا من غدر الزمن! لا ضمانات، لا حماية لا وعود ولا عهود، جلّ ما في الأمر بعض المرح، لطالما كان هو الحال، حياة ظالمة وغامضة ولا ننكبّ نبحث في سَبرها دون جدوى وفي نفس الوقت نتمسّك بها بكلّ جوارحنا، مجرّد معادلة تناقضٍ تامّ.

- ساتس رقم 2:

كان كلّ شيءٍ هادئا مستكينا حين تهاوتْ فجأة جدران بيتنا وبيت جيراننا وبيت جيرانهم، وما زلنا نبحث عن أشلاء، عن ألعابٍ وأجهزة نقّال، عن أيّ شيءٍ يُذكّرنا بهم، زلزال لم يشعُرْ به أحدٌ غيرنا، هل من مسؤول؟ .اعتقدَ البعضُ أنّ البحر هادئ، حيث كانت الشمس ساطعة، ولكنّهم لم يلحظوا أنّ الموج وصل حدّ السماء، وهبَّتِ العاصفة إلى أنْ هبطَ الليل، وأمطرتْ وأبرقت وأرعدت، ذلك كلّه قبل الزلزال العظيم، الهزّات أخرجَتِ البركانَ عن السيطرة، وردة الحبّ كانت تنبُت بخجلٍ آملةً أن تصل الفالنتاينز. رحم الله

شهداء اليابان، ما زلتُ لا أعرف السبب وراء قوّة هذا الزلزال العظيم، توقعوا واستعدّوا، لكنّه فاق كلَّ التوقُّعات.تُرى هل يمكن أن يكونَ السبب تجاربَ نوويّةً سرّيّة؟ بدأتُ بالهذيان، حذارِ من فِعل هذا إيّاكِ وفِعلَ ذاك وإلا لانقلبَتِ الأمور رأسا على عقِب، أين الرأس ؟ وما هو العقب؟ ومن ذاك الذي نصّبَ نفسَه حارسَ الجهاتِ الأربع ؟ في كرة أرضيّة تدور وتدور. نظريّتي هي: " إذا لم يحدُثْ أنْ يسقُط نيزكٌ من الفضاء فالكرة الأرضيّة موجودة، وبما أنّ الكرة الأرضيّة موجودة فاليابسة موجودة فيما لو خفّ الاحتباس الحراريّ وقَلَّ ذوبان الجليد الذي قد يؤدّي إلى تقلُّص اليابسة التي نعيش عليها، في هذه الحال أوطانُنا موجودةٌ بإذن الله ونحن على الرحب والسعة، أمّا إذا تغيّر المُناخ وقلّتْ مساحة اليابسة،عندها يبدأ صراع البقاء، فإمّا أن ننجوَ وإمّا أن نغرقَ وينجوَ رابحُ الحربِ كسفينة نوح، فالأمر ليس بهذه السهولة ولا أحدَ له الحقّ بأنْ يُطمئِنَنا".

- ستاتس رقم 3:

أنا على عجَلٍ هذه الأيّام، فالوقتُ يجري والأعياد على الأبواب وها نحن نودّع عاما ونستقبل عاما جديدا! كما وأضحك كثيرا فعلى أيّ

مقياس مشَينا، أين أنت يا رختر لتُفهمَني الفرق بين السنين. السنة الضوئيّة، كم جميلٌ هذا التعبير "السنة الضوئية"، تخيّلوا لو كانت السنة عتميّة بلا ضوء، حينها طبعا سنرجو الضوئيّة ونتوسّل إليها، ولكنْ هل من أحدٍ يعلم بالضبط كم تبلغ السنة الضوئيّة؟ طبعا هناك الكثير ممّن يعرفون طول السنة الضوئية باستثنائي فأنا لا أهتمّ في أنْ أحدِّدَ طولها المفترَض، ولكنْ عموما فهي طويلة جدّا نسبيّا، لن تروقَ أحدا منّا. أمّا عدم اهتمامي فسببُه هو أنّني وسَمتُ بأرقامٍ عدّة أعوامي الأربعين، كعضويّة النادي، الجامعة، الوظيفة، الرقم الانتخابيّ وليس رقم الترشيح طبعا، التأمين الصحّيّ والتأمين على الحياة، الرقم المدنيّ وغيره، وفي خِضمّ الأرقام توارد إلى ذهني اليوم البحث عن رقمي في الحياة، ففي أيّ سِجلٍّ أجده؟ وهل من ضرورة للترقيم؟. حين نكون صغارا، نكون مفعمين بأحلام ورديّة، ونكبر ونكبر إلى أن نشارف علي الرحيل، فننظر من حولنا وإذ كلّ شيءٍ كما لو لم نكُنْ يوما موجودين، لم نغيِّر مثقال ذرّة، ونسأل لمَ جئنا؟ وما سبب الزيارة؟. حيرة تكاد تقتلني، فأنا عالقة ما بين البراءة والبلاهة، ما العمل؟ وكيف لي أن أحكم؟ هل هناك من مقياس؟. يومي كان طويلا لكنّه مثمرٌ

الحمد لله، لطالما زادت مسؤوليّاتي وقلّتْ سعادتي، فحريّتي أصبحت طوقا يكاد يخنقني.

- ستاتس رقم 4:

لقد اعتَدْنا التنزُّه بالمناسبات الرسميّة كالأعياد، حيث كُنّا نقوم بنزهة على سبيل المثال طلّاب الصفّ الواحد ، وذلك أيّام الربيع، والنزهة تكون في الحدائق العامّةِ أو بالأحرى في الطبيعة، إلى ينابيع المياه ومجاريها بما أنّنا من الجبل، بلادنا كلّها حديقةٌ عامّة ولا نحتاج لتحديدها بشريطٍ شائكٍ بحدود فدّان أو خمسة، واليوم شعرتُ برغبتي بالنزهة ولكنْ كيف لنا أن نتنزّه على الفيسبوك!. فيضٌ من نسيمٍ اعتمرَ قلبي، لمجرّد تفكيري بغدٍ أفضل. شعوري هو شعور الواقف وسط البحيرة، على رأس موجةٍ تكاد تختفي، فالشاطئ واضحٌ وعمق الماء ليس بالمخيف ولكنْ، أتَعرفُ ذاك الإحساس بالدوار؟ حين كريّات الدم تتلوّن بحمرة الحبّ و بياض السلام. لذيذ ذاك الإحساس الذي يعتريك حين تُصدم مسرورا في كلّ مرّة تقرأ فيها مقالا ، قصيدة أو قصّة جديدة تصعقك لكاتب، شاعرٍ أو فيلسوفٍ تثق به. حين تفتح فاك مشدوها كطفل ساذجٍ رأى الحلوى للمرّة الأولى في حياته وتلطم ، يا لغبائي كيف لم تخطرْ لي هذه الفكرة

على بال! المعرفة المعرفة ومن ثمّ المعرفة ذلك هو السرّ العظيم!. موقفي لليوم (أنا حرّة)، يا الله ما أجملها من كلمة ولكنْ، كيف أطبّقها فأنا ما أعتَدْ عليها، وأخاف أن أسيءَ استخدامَها، فهل من شخصٍ مسؤولٍ يشرح لي معناها وكيفيّة استخدامها الصحيح؟ المؤسف أنّي ربّما لن أجدَ في مجتمعنا الحزين ذاك الشخص.

ــ ستاتس رقم 5:

ظننتُ الحبّ هو ما يعطى لله أي دون مقابل كأنْ تدفعَ فاتورةَ هاتفي النقال أم ملابسي ذات الماركات الفخمة حيث أنّ الحبّ يتحوّل عندها إلى تجارة رقيق ولذلك ترى أجمل قصص الحبّ هي التي لم ترَ الشمس أو بالأحرى لم تتحوّل لشراكة بحسابات بنكيّة. وكيف لا فهذا ما يسمّونه الوفاء، فمهما تاهت الملامح فالحبيب يعرف حبيبته وهي تعرفه وإلّا لما كان ما كان بينهما حبّا، اعتراف ودعوة للحوار، فاهنئي يا حبيبته. لقد سئمتُ إحساسي بأيّ ذنب لم أرتكبْه، كما ولقد سئمت ضرورة التبرير. حين تخاصمنا دون أدنى شِجار، صمتٌ رهيبٌ لقنا كجدار، أمّا الصلح فلم يكن بخيار، فندبتُ شيبتي على حسن الاختيار. ولكنّ الدنيا موتٌ وحياة، يجبُ ألّا نظلم أحدا، كيف لنا السيطرة

على أعصابنا، ربّي أعِنّي، ألهمْني الصبر. لمَ أنتَ هكذا حبيبي دائما تسرق المفردات منّي لتجمِّدَها، فهل أنا حبيبي دخلتُ أيضا مرحلة التجميد؟ تيهك هو خطوتك الأولى في طريق معرفتك، ابحثْ داخلك ولا تضيِّعْ وقتَكَ في الهواء المسموم خارجا. العصافير، عصافير الجنّة؟ ألفرد هتشكوك؟ أم مستشفى المجانين؟ مجرّد مثالٍ على ضبابيّتك للكلمات. لقد مرّ الحبّ بشبّاك بيتنا يسأل، مَنِ الأحبّ إلى قلبك؟ أوّلُ حبٍّ أمِ الأخير؟ فيما لو مرّ الحبّ بشبّاك بيتِنا الذي هو بيتك، ماذا سيكون جوابك بيومٍ خُلِق خصّيصا للحبّ؟ إنْ أجبتَ فاصدُق، وإلّا فاسعَد بما لديك من محبّين، ولا تضيِّعِ الفرصة بالبحث عن جواب. ليس هناك من داعٍ لروحٍ حزينةٍ في جسَدٍ ضاحك، أم لروحٍ ضاحكةٍ في جسَدٍ حزين. هي رقصة الطائر المذبوح، شعورٌ بالحشرجة، عمليّة جراحيّة مع كثيرٍ من المخدِّر المهدِّئ، مع تسليكٍ للروح! ولكنْ كيف مشَتْ دون رأس؟ ترى هي متعة صحوةٍ أم نشوة موت؟ حين تصبح عمليّة الحبّ عمليّة جراحيّة وتُستأصَل اللذّةُ بالمشرط كالمرض الخبيث، يغمّس طعم العشرة بنكهة الألم.

- ستاتس رقم 6:

كلّما أضعتُك شعرتُ بنشوةٍ، نشوة الحرّيّة ونشوة الانعتاق، ثمّ وجدتُني ورغما عنّي عدتُ وأحببتُك بمعنى الاشتياق، متى أرتاح متى أستقرّ، أما من أمل؟ أما من مفرّ؟!. عندما فكّرتُ بكَ تيّاراً أبيض من هواءٍ لفّني وحلّق فمشهد السماء يلازمني، لطالما انتظرتُك، رغم يقيني أنّك لن تأتي أبدا، من قال إنّنا معا، فمَن قبلنا سبقونا، لا بل معا والزمن سوف يشهد، من تتحدّين؟ تفاهة. لقد انتظرتُه في المرّة الأولى ولم يأتِ، انتظرتُه في المرّة التالية للأولى ولم يأتِ، كما ولقد انتظرتُه في المرة التالية للثانية ولم يأتِ، ففكّرتْ صديقتي مليّا قبل أن تتّخذ قرارها الشجاع بألّا تنتظر. ما هو تعريف العذر وما هو تعريف الذنب وكيف له أن يكون أقبحَ، ألّا يكون أقبحَ، ولماذا؟.

- ستاتس رقم 7:

قد يحدث أحيانا و تشعر باللامبالاة عندها اذهبْ و ابحثْ عن عزيمتك، فلو صادفتَ أشخاصا يحبّونك كُنْ واثقا بأنّهم سيردّونها لك بأفضل منها وبطيب خاطر ، أمّا إذا تعثّرتَ بمَن كرهوك على طول الخطّ، فعُدْ لِذاتك ولملِمْ بقايا عزيمة شوّهَتْها شظايا غلٍّ قديم. للصحّة النفسيّة أنصح بالعمل،

لطالما قلنا اشتغلوا تصحّوا ولكنْ لم يخطِرْ على بالنا ما أهمّيّة حالتنا النفسيّة على سير العمل، ما بنا بهذا الشلل؟ وكيف لنا شحذ الهمّة؟. البارحة، كنتُ بالصالون، وعلى عجلة من أمري، فطلبتُ من حلاقتي أنْ تُسرعَ في تصفيف شعري وأعطيتُها نصف دقيقة لإنهاء العمل، فتوسّلتْ إليَّ راجيةً أن أمدّدَ المهلة إلى دقيقةٍ ونصف، وهكذا صار، فلقد أنهَتْ عملها وبإتقانٍ بأقلَّ من عشر دقائق فقط، مثال على حسن إدارة الوقت. عقارب الساعة، جلستُ طويلا أرقب عقارب الساعة، منذ بزوغ الفجر حيث لاح الغسَق، عقارب الساعة وسرحت بالعقارب وبالساعة فلُدغتُ من ساعةٍ لا ريبَ فيها ويا لها من ساعة، أهي ساعة عقاربٍ أم ساعة حشر؟.

- ستاتس رقم 8:

نكتة اليوم، أخيرا اكتشفتُ مع أنّي تأخّرتُ بأنّ بطولاتي لا تعني أحدا غيري. لقد كان صباحي جميلا مفعما بالأمل، إلى أن أصبح كلّ شيءٍ هادئا حدّ التخمين، ربّما لأجل تهدئة الأمور؟ ربّما لإخفاء الأمور؟ ربّما لأنّ ليس هناك من شيءٍ يستحقّ الذّكر؟ أم مجرّد هلوَسة، فالسكونُ يشبه العدَم. المشكلة دوما كانتِ البحثَ عن مستحيل.هل لمن شرب البحرَ أن يغُصَّ بالساقية؟ طبعاً الجوابُ لا؟

لكنّي متأكّدة، نعم! اليوم الحالُ اختلف، فالأخبار تهلّ منذ الصباح من كلّ حدبٍ وصوب، قليلُها مُفرح، لكنّي لن أتساهل أبدا فيما يخصّ رأيي بكلّ الأشياء، فلطالما كنتُ شرسةً و عنيدة!. قليلٌ من الجنون ينعش عقل الإنسان، كُن متجدِّدا، فكِّر بطريقة مختلفة.

- ستاتس رقم 9:

بعد أنْ جمعتُ البحرِ حبّاتِ ملح، وبنيتُ منها صخراتِه البيضَ، فرحتُ بقصري الكريستاليّ كما وأقمتُ حفلا بمناسبة التشييد.عذرا فأنا لم ألحظْ أنّني جفّفتُ المحيط، فلتختنق الأسماك، طالما أنّها لم تستطِعْ تركيبَ أجنحة!. كلُّكم سواسية، لقد تساوت الأمور، لقد تساوت الأسباب، لقد اختلط الحابل بالنابل، كما ولقد تساوي النهار بالليل، ومنذ متى؟ يا للخدعة!. أرغب كثيرا كثيرا أرغب بتغيير نظام العمل فنهاية الأسبوع تكاد تكون حلما صعب المنال، فلمَ لا تقلّل ساعاتُ العمل وتُعطى فرصٌ إضافيّة للعاطلين عنه ويُزاد عدد أيّام الإجازات والأعياد! لقد أثبتتْ للمرّة الألف اقتصاديّاتنا فشلَها وانهياراتِها الاقتصاديّة، ربّما علينا أن نقفَ ونفكّر للحظةٍ

هل من الصحيح أن نستميت في سبيل العمل؟ وهل هو فعلا مقدَّسٌ إلى هذا الحدّ!. كلّما رفعنا سقف الاحتمالات رفعنا إحساسنا بحسن الإدارة وأحكام السيطرة، ولكنْ على ماذا؟ أوليس من الأجدى أن نعومَ كريشةٍ تتلقفها الرياح! فمَن منّا يعلم كم من العمر بقي ليُمسك بزمامه! وهل من داعٍ لكلّ ذاك الزمام، طالما أنّنا لسنا سوى عابري سبيل؟. حفّزتني أنصاف الحقائق على أن أصدر أشباهَ القرارات، ويحٌ لأنصاف الحلول. ما الفرق بين نصف الحقيقة والكذب. اكتشفتُ للتوّ بأنْ لا جريمة تفوق الحلم الجميل. كانوا وكنّا، راحوا ورحنا، ثمّ عادوا وعدنا وكأنّ المسافات لم تُبعِدْنا عنهم أو تُبعدْهم عنّا. بين حبّات المطر وخطوط قوس قزح وألوانه رأيتُ وجها مبتسما ينزل من أعلى القمر، كان هو مَن بحثتُ عنه، مَن انتظرتُ طويلا، وكما جاء ذهب.كلامٌ جميلٌ ومؤثّرٌ استطاع أن يدمعَني مختزِلا تعاطُف الصفّ الواحد لكلّ نكساتنا نحن العربيّات. كلّ حياتنا مؤقّتة هي لحظات حبٍّ وكرهٍ وسعادةٍ وحزنٍ وشبعٍ وجوع ، لا يهمّ أحبُّها كما هي حياةٌ من وجَع.

- ستاتس رقم 10:

لن أقول شيئا اليوم، سوف أصمت لأفكّر، أفهل من مجيب؟ الأبيض باللوحة دليلُ فراغ، ولا للفراغ في لوحتنا. صدِّقوني الفراغ بداية الانحراف. قال الغسَق قلتُ الشفَق، قال الشفَق قلتُ الغسَق، وكلّما قال قلتُ إلى أن رأينا نجوم الظهر. وسط الظلام الدامس لاحتْ بالأفق البعيد، نقطةٌ بيضاءُ بحجم نقطةٍ لبيكار، أنبأتْ ببدرٍ ساطعٍ، وليلةٍ من نجماتٍ صُفر. حدثَ واتّفقنا أنْ نضعَ النقاط على الحروف، وعجبتُ وبعد أن وضعتُ تلك النقاط على حروفها المفترضة، تاهت نقاطُنا وتاهتْ حروفُنا، فلم نعُدْ نعرفُ من أين نبدأ وماذا كنّا نريد. دخلتُ التاريخ من أوسع أبوابه، موسوعة غينيس للتأنيب، فأنا وفي كلّ يومٍ أموت ألف مرّة، وبين كلّ مرّةٍ ومرّةٍ أحيا. يا مَن جعلتُك ملكا لعملتي، فأنا لستُ سوى كتابةٍ. لقد ظننتُ الحلّ في الانغماس بالمشكلة، فتحسّرتُ على حياة الأمل. ربّما علينا إعادةُ النظر في تحديد معنى القلب والروح، فها قد صبغتُ القلب والروح على الحبر ، جعلتُه يحيا، كثُرٌ هم من يحيَون حبرا بلا روح بعد أن تنازلوا عن معنى الإحساس، فلنذهبْ لله فهو صديق الجميع ودائما عنده المتّسع للمزيد. ربّي كيف أنّ الإنسانَ كالفراشة لا يكاد يحطّ ليطيرَ، لمَ حربُ الاستنزاف. نسمةٌ رطِبةٌ كانت هناك تدغدِغُني، تنبئ بقدوم

الخريف تبكيني. وكيف لِعين الشمس أن تُخفيَ حبّاً بريئا لخشبٍ ونار. الأربعون كما الواحد عدَتْ و فصول الشعر بالنثر اختلطت ، فقُلْ ما شئتَ وسأقول من صوبي ما شئتُ وما القدَرُ شاء وما لم نشَأ.

- ستاتس رقم 11:

الشجرة، كلمة لطالما حملت الكثيرَ من المعاني، شجرة اللوز، شجرة السنديان، شجرة الدرّ وشجرة العائلة، أمّا لتلك الشجرة العائلة من درّ؟ هل للبلبل أن يشدو وحيدا؟ للبلبل أن يشدو مزدوجا، ربّما للبلبل أن يشدو وحيدا، أو مجتمعا. رأيتُ في الموت بعضا من حياة، فنحن محاطون بأناس سبقونا إلى رحلة اللاعودة، ما المعنى من فصل الجسد، وما فائدة الانعتاق؟. كلٌّ له زاده بمعنى موازين، وكلّما ثقُلتْ موازينُه زاد الجموح، وحتّى تاريخه لم أفهمِ الجوابَ ولا حتّى السؤال، ما هو السؤال؟ ما الحكمة من ذلك؟ ويقودني الموضوع بتفاصيله إلى نظرةٍ وجدانيّةٍ للكون، أن نكون لا مبالين إلى الحدّ الذي نفقد فيه معنى الإحساس؟ أم أن نكون صادقين ومثاليّين لدرجة توصلنا حدّ الجنون؟. كما للقصيدة لا مواقيتَ للحزن ، للعيد فقط مواقيتُ أخرى .إنّا لله وإنّا إليه راجعون، إله الحبّ

والرحمة ، له الأمر من قبلُ ومن بعد، فجمال العذاب يكمن في الأبديّة، لكَم قضينا سنين برفقة من لا نعرفهم وفي لحظةٍ مجنونةٍ نفهم سرَّ الحياة. لستُ سوى برعمٍ في شجرةٍ عملاقة، يعتريني الخوفُ والسأم أوقاتاً، فأبحث عن كلّ قطرةٍ من قوّة لأكمل وأستمرّ. فخّارٌ يكسّر فخّاراً؟ وماذا بشأن البطّيخ؟ لقد اختمر عجيني وفار، دخلتُ مرحلة التحميض. أردتُ الكلام، فعلِقت الكلمة في فمي، من أين أبدأ وأين سأنتهي لستُ أدري. لو افترضنا أنّ كلّاً يغنّي على ليلاه، فلِمَ نواجه مشكلة ازدياد العوانس، ببساطة لأنّ عدد الإناث يفوق عدد الذكور، وهذه مشكلة.

- ستاتس رقم 12:

لكَم أحببتُ تلك القاعة، تُذكّرني بالمطارات لكثرة ما تحتوي من المحلات والمقاهي، والكثير من الحالات الإنسانيّة، واحدةٌ تتشاجر مع زوجها لأنّها تريد الاقتناع، والآخر يسأل كيف يحوّل الكمبيوتر إلى اللغة العربيّة، أمّا العجوز، لكَم أحببتُها، ماذا قالت؟ " كلوا بيعيش، الحسرة على اللي بيروح" في قاعة الانتظار ماذا لو عكسنا الآية؟. دائم التفكير،

أعني الشأن العام، هل أنهيتَ دراستك؟ كلّا، هل توظّفت؟ كلّا، هل أحببتَ وترغبُ بالزواج ممّن أحببْت؟ لا أفكّر، هل لديك منزل, يا سيّدي شقّة، تمليك أو حتّى إيجار؟ وما الداعي إذن, فهل لا تسوس العامّة؟. وتكمل العجوز الجميلة، من قال عجوز شمطاء؟، وبرغم ما تصفه كشيش النار في صابونة ركبتها، كشمشون، وفي موسم القطاف، لمّت حبّات الزيتون، هذا ما يسمّونه إنتاجيّة. لكَم تحسّرتْ هنا على حياة العمل " منذ الغد سوف أبدأ بالبحث عن الوظيفة المناسبة، أريدها نصف دوام، فلنقُلْ من الثامنة صباحا حتّى الثانية ظهرا، وبمسؤوليّاتٍ قليلة ، براتبٍ كبيرٍ وبمنصبٍ مرموق، وفّقني يا ربّ فيما أصبو إليه".

............سبحان الله، لم أكُن أخطّط لفكرة الترقيم، ولكنْ وبعد مراجعة المدقّق اللغويّ والمرشد الأدبيّ واللغويّ ليَ الذي نصحَني بقليلٍ من الرحمة للقُرّاء الأعزّاء الذين سيعانون جرّاءَ

تفكُّك أوصال قصّتي الممزَّقة إلى قصصٍ قصيرة وقصصٍ غير مفهومة وقصصٍ لا داعيَ لها من الأساس، شعرتُ بحاجةٍ لترقيم الستاتس، كنوعٍ من تسهيل مَهمّة القارئ المُستهدَف بالمجموعة، أي المجموعة القصصيّة لكي لا يشطحَ الفكرُ بعيدا فنحنُ في زمنٍ حرج.

لا أحد يصدّق مدى غبطتي حين اكتشفتُ أنّ عدد الستاتس اثنا عشر، أي درزن، فأنا لمرَضي بالإدارة كنتُ لن أقبلَ أن يكونَ الرقم أحاديّاً، واللذّة أنّ الرقم 12 جاء محض صدفة، صدِّقْ أو صدِّقْ لأنّني لا أكذب أبدا، لماذا لا أكذب؟ لأنّني لا أرى داعياً للكذب، لأنّي على يقين بأنّ الحقيقة بائنةٌ وواضحةٌ وضوحَ الشمس لا يمكن لأيٍّ منّا أن يُخبِّئها بإصبعه، الناس فقط تستهبل، لمَ أخبركم كلّ ذلك؟ لأنّني ببساطةٍ إنسانةٌ ودودةٌ وعشريّةٌ وأُحبّ الناس وأنْ أتحدّث إليهم بصدقٍ وانفتاحٍ ولا أخشى نتائجَ صدقي وانفتاحي لأنّني على ثقة، لا بل لستُ على ثقةٍ من شيءٍ ولكنْ ورغم ذلك أحبّ أنْ أجرِّب، ففي التجربة فرصةٌ للتعلُّم، وأنا أعشق المعرفة، أظنُّنا جئنا إلى هذا العالم لنتعلّم، لستُ

متأكّدةً لكنّ الفكرة تروقُني. ولنَعُدْ لموضوعنا فيما يخصُّ الحقيقة، فكلُّ ما علينا فِعلُه هو الاعتدادُ بأنفُسنا كما نحن مع مواصلة المحاولات لتطوير الذات

...........وبناءً عليه تُقرِّر هنا تنمية مهاراتها وتطويرها بالتقدُّم إلى وظيفةٍ شاغرة أو لربّما سوف تشغر قريبا، أم في يوم من الأيام، سوف تُوفَّق بعون الله تعالى كما في القصّة التالية.

زمن كشف

- رانية، منتهى الغباء أن ..... و انقطع الاتّصال، ما هذا بحقّ السماء، جنونٌ رسميّ.

- الراديو، الراديو، إذاعة القرآن الكريم، لقد اعتادت المسكينةُ سماعَها، هذه الأيّام.

- عساه خيرا، ربّي ما هذا النكد الذي أنا فيه. تابعَتِ المسكينةُ سَيرَها، مُسلّمةً أمرَها إلى الله، فهي تعرفُه و تعرفه جيّدا، تحبّه و تؤمن به، وتعرف بأنّه الوحيد الذي يساندها منذ البداية و لن يخذلها أبدا.

و صلتْ و باشرتْ عملها كالمعتاد:

- أخيرا أتَتِ الرسالة، لقد خطبت الفتاة، لقد كلّمني... قالت، لقد تمّ ما كانت تتمنّاه.
- أخيرا، الحمد لله، حسنا مساءً سوف نتحدّث بالأمر، حسنا، لكنّ هناك عوائقَ كثيرةً، لا تتفاءلي كثيرا.
- بل سأتفاءل، أعرف بعضا من الموضوع، أخبرتني سلمى....
- حسنا إذن، هذا يُسهِّل عليَّ الشرح والتبرير.
- أيّاً يكن، لسنا أفضل منهم بشيء.

فرِحَتِ المسكينة فرحا شديدا، أخبرَتْ حتّى الحيطان، حتّى كادتْ تُزغرد من الفرح. ربّما الفرح بالتغيير، الموضوع نفسه ليس بجديد، ملايين القصص، ربّما تنوُّع الحضارات هو الموضوع!. الروتين هو العدوّ الأكبر بنظرها. لقد تزوّجتْ جارتنا.

- حقّا، ممّن؟
- ابن خالتها
- كالعادة، فكّرتِ المسكينة، ولكنْ بصوتٍ عالٍ هذه المرّة، رفعَتِ السمّاعة وقالت، هل أحضر للغداء؟
- كم شخص
- أنا فقط، أستطيع المجيء؟ لذلك أسأل.
- أنا مشغول
- حسناً إذن

تبدو الرسالة مميِّزة، أحاول تغييرَ موعد الحجز علّي أوفَّق هذه المرّة.

- خبرٌ جيّد
- هل أستطيعُ رؤيتك؟
- حسب الظروف، الهاتف، الهاتف، يوم الاتّصالات العالميّ.

- لا تقلقْ سوف تصل خلا ل أيّام.
- يُفضَّل، وإلا سنُضطرّ لشراء أخرى
- لا لا داعي لذلك
- أخباركم؟
- كالعادة، لا جديد، مديرٌ جديدٌ سيحلّ مكان القديم، لا نعرفه ليس من المؤسّسة.
- هذا جيّد سيظنّ أنّكم مهمّون جدّا.
- ربّما.. لستُ أدري، عموما، هذا كلّ شيء.
- ماذا بشأن صاحبتنا
- يبدو أنّها سوف تأخذ الترقية على يد الرئيس الجديد إن شاء الله.
- هذا جيّد
- أريد عملا و لعادلة أيضا.
- و ماذا بشأن الأخرى؟
- لعب أحدُهم في عقلها.
- بل تقصد العكس، فهي قادرة على اللعب في عقل بلدٍ كامل.
- بلى بلى، ربّما أنت من فعل
- ممكن
- أجل، هل تذكر، رحم الله زمنا مضى
- الآن بعد أن استثمرتُ فيك أربع سنوات، الآن سترحلين، أيّة وقاحة هذه، لن أسمح بذلك.
- حسنا لكنّي ذاهبة
- لا لن تفعلي

- لم أعُد أقوى على البقاء، تعبتُ.. لم أعُدْ منتجة.
- بلى ستبقين، حسبتُك تمزحين، من سيحلّ محلّك، لا أحد لديّ.
- لستُ أدري، سوف أقوم بتدريب المرشّح للعمل، كما شئت، لكنّي ذاهبة.

فعلا عنيدة، حسنا إذن، نَراكُم، تابعي عملك، أضاف المتّصل: الزملاء، الزملاء، يوتّر صوتهم أحيانا، العمل كالعادة أوراق وأمزجة، هذا يريد شيئا و الآخر يريد شيئا آخر، لكنْ بالنهاية شاي، نسكافيه و قهوة، ببساطة تنحصر الخيارات فهي ليست بكثيرة.

- حديث اليوم لم يكُنْ شيِّقا، مقتطفاتٌ من مراجعَ عِدّة، غيرِ محدّدة، واحدةٌ منها علِقت في ذهني، حيث لميا عبّرتْ عن عدم رغبتها بمتابعة القراءة.
- الكتاب غير شيِّق، لا أحبّ الفلسفة.
- حسنا إذن أعيديه إليَّ فأنا أعشقها، سوف أعطيكِ كتابا آخر عن البحر، إنّها قصةٌ سوف تحبّينها.

الهاتف، ثانية، أهلا أهلا، اتّصلتُ بشأن المناقصة، لقد نفّذتُ التعليماتِ بالحرف، لكنّي فضّلتُ تعبئة النموذج، و أردتُ رأيَك.

- حسنا لا ضير في ذلك، لكِ ما شئتِ، فأنت الآن أستاذة.
- بعض ما عندكم.
- شكرا على كلّ شيء.
- في أيّ وقت، سلام.

دار في ذهنها حوارٌ غريب، تذكرتْ يومَ قامت زميلةٌ بعزيمتها على الإفطار و كان الإفطار قطعةً صغيرة من الكرواسان. و تساءلتْ: الشابّ من الجنسيّة نفسِها، و هي أصدرتْ حُكمَها، لا يستحقّون الثقة، أجل هو شذوذ القاعدة ليس إلّا. أراحَتْها الفكرة، هو شذوذ القاعدة ليس إلّا، فهي لن تقبلَ أيّة فكرة أخرى. هي لم تعترفْ يوما بالحدود، بل آمنت دائما بالأعراق، هذه نظريّة مُثبَتةٌ علميّا، ليس علميّا حقّا لكنّها لمسَتْها بحكم التجربة، عشرون عاما من التجربة ليس إلّا. يا إلهي رانيا أفيقي لا تكوني عنصريّة، ولكنّها تابعتْ ذكرياتها فهي اليوم رهينة الذكريات:

- اسمحي لي فأنتِ لا تمتلكينَ أدبَ المراسلة، طريقة الكتابة، حجم الحروف المستعملة غير لائق.
- لا عليك، فهي ليست سوى مزحة
- إذا كانت كذلك فلا بأس.
- نعم هي كذلك ، لكنّني لن أعيدَها، لأنّكَ لم تقبلْها.

الملاحظة نفسُها أتَتْ من شخصٍ آخر، ويحمل نفس الجنسيّة و إنْ كانتْ بوجهٍ آخر، لم يتقبّلِ الملاحظُ فكرةَ التطوُّر المهنيّ، فرحلَ باحثا عن أخرى، لم يرُقْه الحال.تابعتْ سارحة، راقني جدّا موضوع التدريب و التطوير هذا، أحسّ بأنّي ذلك الشخص، لقد جرّبتُه بنفسي، ساعاتٌ طويلةٌ من العمل المستمرّ، الامتحانات و البعد عن المنزل، كانت تجربةً غريبةً جدّا و لكَم أحببتُها، أذكرُ كم اشتقتُ للبيت، لكلّ ما فيه و لكلّ من فيه, أذكرُ أنّني تلقيتُ أجمل رسائل الغزل بسبب بُعدي عن البيت نفسه. ماذا هناك، لمَ هذا الصوت الحزين؟

- لا شيء، موجة كآبةٍ و ستنتهي، كالعادة.
- هل ترغب بالمجيء
- لا فأنا لستُ أنا

- ماذا حصل، ماذا هناك؟
- لا شيء، بالأحرى لا شيء يبدو في مكانه.
- حسنا، و كيف نصلح الأمور؟
- لستُ أدري.
- أهو العمل؟
- جزءٌ منه
- و الجزء الآخر؟
- العائلة
- ماذا هناك؟
- لا شيء
- حسنا إذن، متى شئتَ يمكنُنا مناقشة الأمر
- أكيد، أتعلمين؟ هل يمكننا التحدُّث، مشغولة؟ متى ستنتهين؟
- أكيد هل تحسّنت؟
- بحالٍ أفضل نوعا ما، ما حدث كان بمثابة السير بسرعةِ مئة ميلٍ بالدقيقة، وبلحظةٍ تمّ تغييرُ اتّجاه السير ليصبح معاكسا، أو ربّما لتصحيح المسار، لستُ أدري لا أستطيع أن أحكُمَ بهذا الشُّحّ من المعلومات، فلم يكُنْ من اتّفاقٍ مُسبق، كما وأنّه لم يكُنْ محدّدَ الأسباب أو واضحاً لمُتَّخِذ القرار، نسمّيه تعسُّفا! لستُ أدري رانيا فلننتظرْ ونرقُب أوَلَمْ نعتَدْ على ذلك لدرجة أنّكِ ناديتِني تلسكوب؟.

واتّصالٌ آخر:

- هل تسمحين له بالحضور؟

- أكيد، تستطيعين إحضاره، مشغولة جدّا.
- أكيد
- شكرا جزيلا، ما نوع الهديّة التي يحبّ؟
- سوف أسأله بعد عودته.
- حسنا إذن، ولا ضير في اتّصال آخر:
- كيف أصبحت
- أحسن
- المهم أنّهم عرفوا السبب، فالعلاج سهل
- سأمرّ بك غدا مساء.
- بانتظارك

نكتةٌ وصلتْ، رسالةٌ قصيرة، لمْ تُفرِحْها، فهي تحت تأثير الصدمة المتكرِّرة، حسنا الخلاف على التوقيت، و تليه التربية، الأولاد، الأهل، لا جديد، حيرة تعتريها، أقرّ بما يحتاج من خصوصيّة هو الآخر؟ فهو يتّهمها، لا داعي للدلع، لن نخسر الجميع.

- و من قال ذلك
- أنتِ تقولين
- لا لمْ أقُل
- حسنا
- حسنا، ، عموما، لا وقتَ لديّ حتّى للتفكير بالأسباب، أحاول جاهدة و هذا يكفي.

حين جاءتْ وريثة يوليوس، شعرتُ بشيء من الارتياح، فهي راغبةٌ بتحسين العلاقات، والزميلة مشتكية:

- أنا على طريق الجنون
- و لكنْ لماذا
- الزبائن، الزبائن
- حسنا إذن، ما القصّة
- شكاوي.
- لكنّكِ مخطئة، هذا مخالفٌ لشروط العقد.
- لا هذه شروطنا
- تقصدين العكس
- هذا ما لديّ

تناولتِ الثالثةُ أطراف الحديث:

- أجل لديّ نسخةٌ من الكتاب،، أقصد الرسالة لعَرضِها على المسؤول.
- أرسلوا نسخة إليكم أيضا؟
- نعم
- و هل أنتِ مقتنعةٌ بالشكوى؟
- أجل

راودتها فكرة العودة إلى المنزل، و كالعادة لا رغبة لديها فهي لا تعرف أين تذهب، فاكتفَتْ بالالتفاف من باب الشركة و عادت أدراجَها إلى المكتب، أين صديقتي لم تتّصل اليوم، ربّما انزعجتْ من آخر مكالمةٍ بيننا، فأنا كالدبش أرمي كلماتي، عادتي السيّئة متى أقلع عنها:

- سوف نؤسِّس شركة مساهمة.
- خبرٌ جيّد، مبروك
- أتظنّين؟
- أكيد، و من هم مجلس الإدارة
- الرجال
- لماذا؟
- ماذا تقصدين
- أليستْ لتحسين أحوال النساء؟
- بلى
- إذن؟ وما شأنُ الرجال؟
- لستُ أدري لم تخطرْ في بالي، حسنا الأسبوع القادم.

أحبّ تلك الفتاة ولا أريد أن أخسرَها، سوف أتّصل بها حال الاطمئنان على وصول صديقتي الأخرى، فالمفترض أنّها وصلتْ، تلك المفعوصة القادمة من

بلاد الواق واق. سوف نتّفق على موعد لقائنا فهي مسافرةٌ خلال أيّام.

- مرحبا
- أهلا وسهلا، اتّصلتُ و لم تكوني موجودة
- العمل، كما تعلمين، متى سنلتقي؟
- كما تشائين
- السبت صباحا
- حسنا

سوف أرسل النكتة رسالةً هاتفيّةً إلى صديقتي الطيّبة، لا جهد لديّ للتحدُّث فأنا أجريتُ العديد من المكالمات اليوم. عليَّ طباعةُ ما كتبتُ بخطّ يدي وإلّا سوف أنسى كما وأنّني لن أتمكّنَ من قراءة خطّي وفكّ طلاسمه. عليَّ باللاب توب فالأزعر الصغير سمح لي باصطحابه معي إلى العمل، إنّها فرصتي، ولكنَّ دُبِّي القطبيّ سيحتاجه ليقرأ منه النوتات، ما أغباني كيف نسيتُ ذلك الأمر! ، فهو عازفٌ يقرع الطبل، قطبيٌّ بطبل، يقلقُني حجم ذاك الصبيّ.عليَّ شراء لاب توب، ،،، القائمة أصبحت طويلة جدّا.

- أهلا صباح النور، ها ما الأخبار؟
- أبدا كلمتُها، لم تقبلِ الاستقالة، و هذا كلّ شيء
- خبر جيّد
- إلى متى؟
- هكذا الشباب دائما مُستعجِل، لحظة من فضلك، ألو
- صباح الخير
- يا أهلا وسهلا، كيف خطرنا على بالك
- دائما في البال
- بشِّرْ
- لم يُعجبْني موعد الاجتماع
- إذن؟؟
- لمَ لا تغيّرين الموعد
- لا أستطيع
- حسنا إذن، حضّري غداءً بالمناسبة
- ولو

عفوا يا أستاذي، ماذا كنتَ تقول؟

- و لا يهمّك يا مدير
- مُصرٌّ على مناداتي بمدير
- أجل أحترمُك حقّا
- يا سيّدي أشكرك
- أستودعك فأنا مشغول

- إلى اللقاء، وتُتمتمُ مع نفسها، كيف سأطبع التقرير الآن!، لا حبرَ لديَّ، بانتظار التاجر، الحمد لله ها قد حضر، ولكن ما مشكلتُها الآن؟ أنتم جماعة تكنولوجيا المعلومات، تجعلون حياتنا جحيما.
- لمَ ؟
- لا تعلّموننا شيئا، كلّ دقيقة نزعجكم بطلباتنا.
- على الرحب و السعة
- إلى متى؟
- خلّيها على ربّك.

ماذا يريد هذا أيضا، رسالةٌ إلكترونيّةٌ تشرح مدى سوء قسم الشؤون الإداريّة، حسنا سوف نرى كيف نعالجها، يا معين.

- أهلا و سهلا، ماذا لديك
- أبدا والله، لإلقاء التحيّة، جئتُ لصرف شيك
- و صرفتَه؟
- هل أنصرف ☺؟
- لا ولو
- كيف الأحوال؟
- سيّئة
- لمَ؟
- أريد الزواج ثانية

- لمَ؟
- لقد خدعوني، لم يخبروني بمرضها، عانيتُ بما فيه الكفاية
- الصبر فرج
- إلى متى؟
- قدرَ ما تستطيع
- لم أعُدْ أستطيع، ما رأيك؟
- ليس لي رأي بذلك، اسأل رجُلَ دينٍ ينصحْك
- أتعتقدين؟
- سوف ينصحُك
- هل تأمرين بشيء، مشغولة، آسف عطّلتُك.
- العفو، وتدور في رأسها فكرة " لم أفهم سبب مقاطعة الحديث من قِبل أخينا ذاك، هل هو مطالبٌ بالتجسُّس أم أنّه مجرد فضول، لا لا ربّما محض صدفة، إنّه ينتظر دوره للدخول وإلقاء التحيّة هو الآخر" .

الهاتف الهاتف، أهلا

- كيف حالك
- بخير
- أرسلتُ لكِ رسالةً إلكترونيّة، اقرئي و أفيديني برأيك؟
- حاضر. " فكلّ ما هناك بعض الإنكليزيّة".

كيف نُصوِّر تلك الأوراق، لستُ أدري فلنُجرِّب، و ما شأنُك بذاك أيضا، لاشيء سمعتُهم يتحدّثون، حسنا اقرئي الرسالة و من ثُمّ تابعي شؤون الغير......مسؤول النظافة سيساعدُهم، والله إنّ ذاك الصبيَّ لَعبقريّ، سوف يحلُّها، حسنا إذن.

- ماذا ستسافر؟
- لا غير مؤكَّد، مجرَّد كلام
- لمَ لا، ماذا هناك؟
- أريد الرسالة المُرسَلة من شركة ...
- حسنا و الجديدة أيضا
- أعلمُ ولهذا أريدها، لستُ موافقاً على مضمونها، سوف أردّ على ما جاء فيها
- و لكنّ المسؤول أفاد بأنّها كما طلبت.
- لا يفقه شيئا
- بسيطة، العمل كثير اليوم، أخافُ المناقصاتِ فهي دقيقةٌ و طلباتها كثيرة، على العموم كلُّه على الله.
- ماذا عندك، تناولتُ الغداء
- ليس بعد
- حسنا إذن تعالي
- حسنا، لمَ وافقت!،المهمّ بالموضوع انقضاء الحاجة، فالطعام علِق في زوري فحديث الريجيم لا ينتهي، و اليوم حدثَ تغيير، فالدعوة صريحةٌ لتحديث ما لديك، حسنا

سأفعل. أُفضِّل أن أفعلَ على أنْ أفكّر، فأنا لم أعُد أرغبُ بالتفكير. ما أريده فقط الهدوء، و بعض الإحساس بالأمان، هذا كلّ شيء، هه و كأنّ ذلك سهل! . لمَ يا ترى لم أعلمْ بالموضوع؟، سوف نرى فالمعتاد غير ذلك، سأنتظر لأحكُم.

أحبّ كثيرا هذا الطقس، رومانسيّ، علّه خير فلنرَ. كثيرةٌ أشغالي فِعلا، و لكنْ لا رغبة لي بإنهاء أيٍّ منها، أرغبُ بالكتابة، الكتابةِ فقط، لم أعرفْ في حياتي مثلَ ما ينتابُني من مشاعر، فأنا كما البحر، عميقةٌ لا قرارَ لي، حتّى أنا نفسي بدأتُ أشكُّ بأنّني أعرف نفسي، كما يتُّ أنسى كثيرا على غير عادتي، لستُ أدري لستُ مرتاحةً على الإطلاق، متناقضةٌ أفكاري، كثيرةٌ هواجسي.... و لها مبرِّراتُها طبعا، لو لم أكتُبْ ما أكتبُه لجُنِنْت، ربّما بدأتُ بذلك حقّا. من يدري، فأنا أعيد النظر حتّى بملامحي، لم يعترني قطُّ مثل هذا الشكِّ من قبلُ، انقلبتِ الأمورُ رأسا على عَقب، لا أقبلُها، حقا لا أقبلها. يزعجني كثيرا صوت ماكينة التصوير، أشعر بألمٍ فظيعٍ في أذنيّ، ربّما الديسك، أجل إنّه الديسك، قالت لي صديقتي البارحة حين زرتُها إنّه

الديسك، وصفَتْ لي ما حلّ بها المسكينة، يشبه نوعا ما ما أنا عليه، فأنا دائمة الدوار و الشعور بالتقيُّؤ، وألمٍ شديدٍ يلمُّ برأسي، و أشعر بأنّني خفيفة كالريشة لا وزنَ لي ، رجلاي لا تلامسان الأرض، غريبٌ الإنسان، فعلا لا يساوي شيئا. لا يهمّ ، لا شيء يهمّ، فما أريده فقط الكتابة، حتّى لو مِتُّ بعدَها.

- أرأيت، لم يوافقْ على المكان الجديد
- حقّا
- أجل
- حسنا إذن
- مكانٌ آخر
- متى
- فلنرَ
- كلّ شيء على ما يرام؟ ويهزّ برأسه موافقا، ممتنّا، مسكينٌ ذاك الأصفر، سوف يلحق بها قريبا على العموم، لستُ أدري ماذا سأفعل أثناء غيابه، لدينا الكثير لنُنجزَه، الله بيدبر، كلّ شيءٍ في وقته. أتخيّله والدا، فيبدو حنونا جدّا، صعبٌ فهم ذاك العِرق من البشر فوجوهُهم غير مقروءة، ربّما بسبب الفقر و ليس فقط الطبيعة، فالفقر له أعراضه الجانبيّة أيضا. فيروز، لَهو خيارٌ جيّد، وقليلٌ

من صديقتي الإلكترونيّة الكوتشينا قبل معركة الساعة الرابعة، فكلّ ما هبّ و دبّ موجودٌ حينها، الله يستر.

- هل عرفتِ آخرَ الأخبار؟
- ماذا
- السكرتيرة الجديدة
- ما بها؟
- قادمة
- خبرٌ جيّد، مبروك، متمتِمةً "هل تحقّقتْ دعوتي هذا الصباح؟، فلنرَ ماذا سيحدث، فلنرَ، لم أرَ في حياتي شخصا يكره نفسه مثلي...فكيف لي أنْ أكرهَ ما أحبُّ و أحبَّ ما أكره لستُ أدري، حقا لستُ أدري".
- أيّاً من الفنّانين تحبّين؟
- عاصي، نوال، وائل و شيرين.

هاهم بدؤوا يهلّون، ساعِدْنا يا ربّ،،، فلنرَ ما سينتهي عليه الأمر، أتعَسُ لحظةٍ بحياتي:

- هل تقبلين به زوجا لك؟
- نعم أقبل

و مضى الكاهن، و هي أمضَتِ الليل بطوله تبكي فهي لا تريده.

- هيّا الناس بانتظارنا

- حسنا، قادمة، ما أروع ذلك، ورودٌ و شموعٌ و قمَر! الطقس رائعٌ اليوم، سوف تمطر

- الشابّ ليس صديقي

- حسنا، أيضا

- أجل

- ما أروعَ هذه العائلة

- و المنزل جميلٌ أيضا، هل رأيتَ اللوحات

- يا لَروعتها، الطعام كذلك رائع

- الطعام فقط، لم تجرِّبِ الحلو.

- هاي،
- أهلا، أهلا، إنّها المرّة الأولى التي تصل فيها على الموعد.
- لم أذهبْ للعمل اليوم.
- جميلٌ هذا المكان، إنّها المرّة الأولى التي أجلس فيه.
- أجل غرفة المعيشة
- ما رأيُكم، مَن الرئيس، لم ينتخبوا اليوم.
- أيّاً يكُن لن يُغيِّرَ بالأمر شيئا
- على رأيك
- هيّا سوف يبرد السمك
- تسلم إيدك، رائع.

- صحّة
- رهيبٌ هذا الفتّوش بالثوم
- أضيفي،
- شبعتُ حقّا أريد قهوة
- لا بل شايا ممّا صنعت،
- لمَ لا،، طعمُه لذيذٌ جدّا
- علينا الذهاب، الأولاد بانتظارنا
- شكرا لمجيئكم
- إلى اللقاء

أيّها الأولاد، جاهزون ؟

- أدام الله المُعيل، لم أكُنْ لأتدبَّرَ أمري لو اقتصرتْ عليَّ، فالهديّة غالية و الولد يريدها.
- حسنا سنذهب للعشاء
- هيّا يا فتاة
- حاضر مدام
- يروقُني ذلك المطعم، فهو مفعم بالحياة، لولا الألمُ الفظيعُ في رأسي لم يفارقْني منذُ البارحة، و الآن أشعرُ به انتقل إلى أذُني.
- ألف هنا
- لم لا تأكلون، هيّا ماما
- أكلنا الكثير من السمك....
- حسنا إذن فنحن جائعون،
- اطلُب ما شئتَ فهو يومُك حبيبي.

أخيرا انقضى النهار، شكرا لله لدينا بيتٌ نعود إليه، أرغب بالقراءة، فأنا مشوَّشةٌ ليوم التشويش على الرغم أنّني سعيدة، و لا أعرف لماذا أو ربّما أعرف لماذا ، إنّي خائفةٌ ممّا أعرفُه، كان من الأفضل لو لم أعرفْ، حسنا دعينا الآن، أحببتُ هذه القصّة فهي مُسلّية.

- صباح الخير كيف الحال
- على ما هو عليه، أريد حجزا
- حاضر
- حالا
- صار

فلأذهبِ الآن، البنت بانتظاري، فهو يومها، مشتاقة أنا، لن أعكّر مزاجي، بركانٌ يغلي، لو لم أدوِّنْ ما أنا فيه سوف أنفجر، يبدو عقلي متخماً و ذاكرتي تطفح بالمآسي، و حاجتي للكتابة كما المسموم للتقيُّؤ. فلنبدأ إذن، حين ذهبتُ لإحضار صديقتي القادمة من بلاد الواق واق، حيث كُنّا متواعدتين:

- صباح الخير كيف الأحوال
- جيّد أنّنا رأيناك أخيرا، شكرا لصاحبتنا التي أتتْ بك إلينا.

- أنا مُقصِّرة،،، ما بكم ماذا هناك، لمَ هذا الوجوم؟
- لا تذهبي، ربّما اتّصل
- سوف أذهب
- و ماذا سنخبره،
- ذهبتْ مع رانيا
- ما الأمر ماذا هناك؟
- و ماذا غير الميراث، و يا ليته يستأهل، المفتاح
- ما به؟
- يتخاطفون المفتاح، تركوها بالثياب التي كانت عليها، و يتّهمونَني بحوزتها للاستئثار بأموالها، لا تحتكمُ على شيء، لقد وعدتُ المرحوم والدي قبل وفاته ولن أُخلَّ بوعدي، لن أدعَها تتبهدل فيما بينهم....
- شيءٌ جميل، و لمَ أنتِ غاضبة؟
- عاديتُ الجميع لأجلهما، لكنّ الحقيرة لن يهنأ لها بالٌ حتّى تُفرِّقنا، وها قد نجحَتْ، و أنتِ أيضا يجب أن تحذّريها فهي تُخطّط لخراب بيتها أيضا.
- حسنا سأفعل، هيّا تعالي معنا سوف نمرح قليلا
- لا شكرا، لديَّ الكثير لأفعله.
- لا تقلقي سوف تصطلح الأمور.
- لا تتأخّرا

- حسنا

جيّدة فكرة المرور بالمنزل، ها هم الأولاد يسلّمون، تناولنا أطراف الحديث فنحن لم نلتق منذ أكثر من عام.

- ما رأيك هل نذهب لزيارته؟
- حسنا و لكن لن نطيلَ المكوث؟
- ماذا لو دعانا للغداء؟
- لستُ أدري
- لا بل لن نقبل، سنعتذر وحسب
- جيّد

ويسألها، كيف الأحوال، الحمد الله على السلامة

- بخير و أنت
- كما ترين
- تبدو بحالة جيّدة.
- أكيد من لديه رانيا كيف سيبدو
- هذا صحيح
- و كيف صاحبنا؟
- بخير
- آخر مرّة رأيته فيها كانت منذ سنتين، فعلتُم خيرا بتغيير العمل، كيف الأحوال؟
- جيّدة جدّا
- أذكر حين رأيتُه آخر مرّةٍ كان منهمكا جدا،

- لقد دفع كلّ المبلغ الذي أنتجه للفقراء، تصوّر، لم يبقَ لنا شيء، حزنتُ يومَها كُنّا في أمَسِّ الحاجة، و لكن الحمد لله، أصبح كلّ شيءٍ ماضيا الآن.
- تدرين ربّما الله كافأكم على ذلك بهذا النجاح.
- ربّما
- تذكّرتُ حين أقمْتُ تجارتي الخاصّة، و بدأتُ أشفق على زبائن المطعم، إلى أن اضطُررتُ لإقفاله.
- حسنا لن نُطيلَ الحديث فأنتَ مشغول هل تأتي معنا؟
- لمَ لا تبقيان هنا
- أرغب برؤية البحر، لم أرَهُ منذ عام، شكرا لك، يروقني المكان الذي اختارته رانيا.
- حسنا إذا استمتعا

ويأتي صوتٌ من بعيدٍ يسأل، هل انتهيتم أم نستطيع الحضور؟ نحن على مقرُبة.

- لا تعالوا، موجودون
- مرحبا ما الأخبار؟
- جيّدة جدّا

- حسنا إذن، استمرّوا فنحن على عجَل
- ما أجمل هذا المطعم

- أجل أنا أحبّه
- تفضّلا ، سيّدتي أين هذه الغيبة، عنب كالعادة؟
- أجل لو سمحت
- يعجبُني الطعام
- أهلا بك، ما بالُك؟
- ماذا سأقول له؟

- لم تستطيعي الحضور، هذا كلّ شيء
- فلننتظرْ قليلا، تدرين فرق التوقيت.
- سوف يتفهَّم
- أعتقد ذلك فلقد أفرغ غضبَه البارحة و يجب أن يكونَ بحالٍ أفضل اليوم.
- لا أحد يعرف ما عبّأ به رأسُه الصغير ذاك الجبان.
- إنّها في النهاية مسائلُ عائليّة، لن أحشُرَ نفسي فيها، ولكنّ ما آلمَه أنّهم يستغلّونني.
- كيف؟
- ساعدتُ الأمَّ في استعادة المفتاح، هذا كلّ شيء، فأنا أعتقد بأنّه من حقّها.
- أبسط الأمور
- لستُ أدري، بعد رحيل الوالد، حربٌ دارتْ بينهم، أبدوا كثيرا من الطمع
- مسكينةٌ تلك الأمّ، لقد تعبتْ كثيرا.
- هل علمت بأنّها تصالحتْ على ابنتها الهاربة؟
- حقّا ؟، فعلا خبرٌ جيّد، و كيف كان لها ذلك؟

- لقد فرحتُ لذلك، قابلتُها أنا أيضا البارحة، لو علم زوجي لقتلني، يشكُّ بالنساء كافّة جرّاء فعلتها.
- و كيف بدَت؟
- بحالٍ جيّدة
- هل أنجبَتْ
- لا تستطيع، لكنّها متقبِّلة.
- ارتدَتِ الحجاب؟
- تقول بفعل الحبّ ليس إلّا
- و زوجها
- أفضلُ ممّا توقّعتُ، مسكينةٌ تلك الفتاة، أخيرا فكّرتْ بنفسها، لقد تأخّرنا، علينا الذهاب
- حسنا لا تقلقي، وتعيد رانيا صديقتها إلى مقرّ إقامتها، وتعود أدراجَها إلى البيت، تلقّيتُ دعوةً لحضور الفرح، فهل من مانع؟
- لا لمَ تسألين؟
- أردتُ التأكُّد، فأنا لا أعرف تقاليدهم
- لا مشكلة ما دامت لديك البطاقة
- لكنّي لا أعرف أصحاب الفرح
- لا يهمّ
- لذلك أسأل، اعتقدتُ بأنّه من الخطأ....
- سوف تقضين وقتا ممتعا
- أجل صديقاتي ذاهباتٌ أيضا
- ألم تقولي بأنّها مريضة
- تُقارب على الشفاء

- لا يهمّ، جيّد بأنّك سألتِ، ويكمل بتهون، باقي 1000 عام فقط.
- مُحقّ، مظهرة
- سئمت
- يحقّ لك
- مسكينةٌ تلك السيّدة
- حزينةٌ جدّا
- أكيد

سيّدتي، أريد محادثتك

- ماذا الآن؟
- هناك تغيير
- لا، لا تقُلْ ذلك
- أُلغِيت الرحلة
- حسنا ماذا الآن
- أرسلتُ لكِ البدائل
- سوف نرى، ما رأيك؟
- هل ستُوزَّع على الصحافة؟
- لا
- عادةً تُوزَّع
- لا أريد
- حسنا، و كلّ الأفكار السوداء تجول في خاطري.
- و لكن لماذا؟
- الأسباب كثيرة

- هل من جديد
- لستُ أدري
- بتهون

أحبّ كثيرا هذه الأغنية، لا رغبة لي بالعمل، ربّما الكوتشينة و فيروز، هذا كلّ شيء. دبكة لبنان، مسكينٌ لبنان، فهو مشرَّدٌ مثلي تماما، التشرّد أسوأ ما في الدنيا، خاصّة على مستوى الوطن، بعضهم يقول ميشال و الآخر يقول بطرس، ما الهم، المهمّ أنّه مارونيّ. لم يبقَ من لبنان سوى فيروز، لربّما عوّضت الغابات المحروقة، الحمد لله بأنّ الجبال لا تُنقل، من يدري، ربّما تُنقل. يحزنني وضع الوطن، يحزنني حقا، لستُ أدري إن كان بوسعي كمواطنٍ فعلُ شيء، فأنا كمواطنٍ طموحاتي صغيرةٌ و اهتماماتي صغيرة، لا خبرة لي بالسياسة. أردتُ منزلا وعملا و سيّارة، هذا كلّ شيء، ما زلتُ أملك نفس الأحلام، للأسف حتّى الآن لم تتحقق، إنّني أدعو بصلاتي، والله أدعو للوطن لكي يحيا فأنا أحبّه كثيرا، والله أحبّه كثيرا الوطن، فأنا مشرّدة خارج الوطن، و مشرّدة داخل الوطن، هل يلتقي الوطن و التشرُّد؟. لو كان الوطن للجميع؟ لو كان كلّ وطنٍ للجميع، لو لم يكُن هناك حدود! ربّما هذا هو الدواء، و لكن كيف لنا ذلك، تحكمُنا الحدود تحكمنا الحدود ليس خارج الوطن فحسْبُ لا بل

داخل الوطن نفسه. أتساءل دائما ما معنى وطن، فأنا لم أمارس المواطنة قطّ، تركتُ الوطن حيث لم يكُن هناك وطن، كان أشلاء وطن أو بالأحرى أوطاناً حسب الطوائف، إلى أن جاء الطائف، ربّما لو ألغينا كلمة طائفة واستبدلناها بطائف لانقضى الأمر و استقرّ الوطن، لستُ أدري كيف أحدّد إحساسي، أهو هروبٌ من الوطن؟ هروبٌ إلى الوطن؟ أم هي رحلة شتاتٍ مؤبّد مبطّن!.

كلّ نفس ذائقة الموت، البارحة فكّرتْ رانيا بهذه الجملة "لا أعلم لماذا، و جال في خاطري: النفس، و ما هي النفس، أجل الروح هي النفس و لكن ما هي الروح؟ الموت، ما هو الموت، أجل هو التوقّف عن الحياة، تماما كالنوم، و لكنْ ما هو النوم؟.... ويرنّ الهاتف:

- أين كنتِ، قلبتُ الدنيا عليكِ
- موجودة لم أسمع الهاتف
- خير ماذا حصل
- مصيبة، ساء الوضع على غير المُتوقَّع
- حسنا و ما في ذلك؟
- لا شيء، ما أردتُه هو تعديل البرنامج
- حاضر سوف أفعل،

فاجأني ذلك الخبر، لم أستطِع تحديد ردّة فعلي فأنا في عالمٍ آخر، لا أقوى على التفكير، فعلا لم أكُن يوما بحالٍ أسوأ، أحببتُ الله و آمنتُ به، فقدّر و كما شاء فعل. ضايقني كثيرا ما دار من حوار، فالحديث كان عن المعلومات الواردة و كيفيّة التعامُل معها و كم من البراعة توفّرت لاتّخاذ القرار المناسب، كلّ ذلك جيّد، و لكنّه ليس ذا معنى. فكّرتُ في نفسي ما الضير من ممارسة الحرّيّة، فهي الوحيدة الموثوقة، حيث أنّها حقيقيّة، فأنا لا أجد متعةً على الإطلاق بامتلاك غير ملكيّتي. ما المقصود بالمُلكيّة، ما نبَع عن الإحساس بالتملُّك أم ما نبَعَ عن صكوك المُلكيّة؟. يبدو لي الإنسان أغرب ما يمكن حين يُحشر، أجد الحشر ليس يوم القيامة فحَسْب، إنّما أصبح يوميّا، أو لربّما القيامة قائمةٌ من حيث لا ندري، فهو دائما يومُ حشر. كلّ ما طلبَه حينها الدعاء، فإنّ الله يقبل دعاء الطيّبين، و ما الضير في ذلك ما دام هناك من مصلحة فالغاية تُبرّر الوسيلة، و لكنْ ما لا يُفسَّر هو أنّ الداعي للدعاء غيرُ مُخوَّلٍ بالإفصاح عن رغبته بالدعاء. لماذا؟ لا جواب. يبدو أنّ البدايات دائما نهايات، أحيانا تجد النهاية مقرَّرةً وأغلب الأحيان تجد النهاية مقدَّرة، في حال القرار تجد الناس مُسرعة لاتّخاذ القرار، أمّا في حال القدَر فإنّك تجده أسرع ممّا يمكن تصوُّرُه، فما

يحصل يحصل لمجرّد القدر، أمّا النتيجة فهي واحدة، فالنهاية هي أبدا هناك بالانتظار، تُرى أهي الصدفة البحتة؟. مع مرور الزمن أصبحت لديَّ رغبةٌ جامحةٌ بالنهايات، حتّى قبل أنْ تبدأ. يمكن لأيّ عاقلٍ قراءةُ المستقبل فهو ليس قسرا على العرّافين. آمنتُ بالله، لستُ أدري لمَ كلّ هذا السواد، فكلّ شيءٍ على ما يُرام، تشجَّعي يا رانيا، تشجَّعي. من دواعي سروري معرفتي بابنة الدكتور:

- أريد رأيَك
- تفضّلي
- هل تؤمنين بالعمل؟
- العمل الردّي؟
- أجل
- كلّا لماذا
- حصلتْ معنا
- كيف
- تزوّجتِ الفتاة، دون أن تعي ما تفعل.
- لا يمكن
- هذا ما قيل
- و كيف لا فهي تحتاج لمبرِّر
- ليستْ من هذا النوع
- أخطأتْ و تريد إصلاح الخطأ، هذا كلّ شيء.

- أتظنّين
- حصلتْ معنا أيضا، كما تحصل مع الكثير فليس أسهل من تلك الخدعة.
و حين تحدّثنا بِشأنٍ آخر:

- أتعلمين، ذلك أفضل
- كيف
- خلاصٌ للنفس
- و كيف ذلك
- نذهب للحساب بحسناتٍ كثيرة، لكنّ كلّ مَن ظلمَنا يأخذ جزءاً منها، إلى أن نفرغ تقريبا من كلّ ما حملنا
- يا إلهي، كلّ هذا؟
- أجل، ماذا تظنّين؟
- لم أُفكّرْ بهذه الطريقة من قبل.
- يجب أن يكونَ لدينا مرجعٌ، ممكنٌ ألّا يكونَ الدين هو المرجع، لكنّ الأخلاق والمبادئ أيضا قادرةٌ على ذلك.

- أجل و لكنّ الغريب بأنّ الفتاة عاقلةٌ جدّا.
- لذلك يمكن أن تُجنَّ، فأولئك بحاجةٍ لبعض التغيير
- فعلا، أنت على حقّ.
- تعلمين، يُقال بأنّ الله يُجرِّب من يحبّ، ولا يُحمِّل نفسا إلّا وِزرها، فالحمد لله بأنّ الأهل متفهِّمون، و إلّا لكانت المسكينة في الضياع.

- على رأيك.
- سمعتُه يوما يتحدّث إليها
- حقّا؟
- و لكَم أزعجني ذاك الحوار
- ماذا حدث
- قمّة الاحترام،هههههههههه
- فعلا؟
- نحن في نعم!
- ربّما، أتظنّين؟
- أؤكّد لك
- أثقُ برأيك، فأقوالك مأثورة، ههههههههه
- أكرمك الله.
- تستأهلين
- سلام، ولكن ماذا بشان الحلال و الحرام! لم نُنهِ حديثنا بعد، موضوعٌ مثيرٌ للاهتمام.
- ما هو الحلال و ما هو الحرام؟
- الحلال هو الشرعيّ و الحرام هو غير الشرعيّ.
- الشرعيّ يعني القانونيّ أو المُوثّق وغير الشرعيّ أي غير القانونيّ أو غير الموثّق.
- سؤالٌ يطرح نفسه، السرقة حلال و لا حرام؟
- السرقة حرام
- و العمولة؟
- ليست حراماً

- فلنأخذ مثالا ثانيا
- الخيانة حلال أم حرام
- الخيانة حرام
- لماذا
- لأنّ الزواج حلال
- متى يخون الشخص
- عندما يتوقف عن حبّ الشريك الشرعيّ/ الحلال
- إذن
- يذهب للحرام
- أي يحبّ شريكاً آخر غير شرعيّ/ غير حلال
- أجل
- فلنفرضْ أنّ الشخص لم يهمل واجباته الشرعيّة، فهل ذلك حلالٌ أم حرام؟
- كيف؟
- أجل كأن يخونَ من يحبّ مع من لم يعُد يحبّ، فهذه ليست بالخيانة؟
- لستُ أدري
- فلنفترضْ أنّ الآخر الشرعيّ يعلم بتوقُّف الآخر عن الحبّ فهل حلالٌ أن يستمرّا معا؟
- يتوقّف على مبدأ الشرعيّة، فما معنى شرعيّ؟
- أي ما هو مُوثّق
- و ما المبدأ الذي قام عليه التوثيق؟

- الحب

وجوه للحبّ:

- هناك من يحبّ فقط،
- هناك من يعمل لأجل الحبّ
- هناك من يغار بسبب الحبّ
- هناك من يقتل بسبب الحبّ
- هناك من يرغب في التملّك بالحبّ
- هناك من ينتقم بداعي الحبّ
- هناك من يضحّي لأجل الحبّ
- هناك من .... في الحبّ
- هناك و هناك و هناك، كقصّة المطعم:
- فأنا مثلا، لاحظتُ مؤخّرا بأنّني لم أختر قطُّ المطعم الذي سأتناول فيه وجبتي، لاحظتُ مؤخّرا بأنّني لم أختر قطّ الطبق الذي سآكله.
- و كيف ذلك؟
- أجل فالعادة أنّه دائما أسأل بماذا أرغب
- إذن؟
- لم آكل قطُّ ما اخترت
- كيف ؟
- في كلّ مرّة بعد أن أقرّر نوع الطعام، يأخذه لنفسه ويطلب لي طبقا آخر.
- لماذا؟
- لأنّه ما من مشكلة فسوف نتشارك
- وما العيب في ذلك؟

- لا أحبّ الشراكة في الأكل، كما ولا يحمّل الله نفسا إلا وزرها:
- قرّرَتِ الزواج واثقةً من نفسها
- عرفَتْ بخيانته حتّى قبل أن يتزوّجا
- سألتْ نفسها، لمَ أُصرّ على الزواج به ما دمتُ لا أحبّه؟
- لأنّك عنيدة و ترفضين الهزيمة
- و ماذا عنك؟
- لا يُحمِّل الله نفساً إلّا وزرها
- و كيف ذلك فأنتِ من ترمي نفسها بذاك الوزر
- لا طبعا إنّه قدَر، هذا ما شاءه الله
- و ما شأن الله في ذلك
- مُقدَّرٌ و مكتوب
- و مَن قال هذا
- أنا أقول
- كيف؟
- لم و لن أرفضَ الزواج به
- لماذا
- لأنّني لن أتمكّنَ من ذلك، بكلّ بساطة
- إذن قولي إنّك جبانة
- لستُ كذلك
- فسِّري إذن
- قلت لك، هناك أشياء لا يستطيع أحدٌ إيقافها فهي قضاءٌ و قدَر.

وتعود رانيا إلى مكتبها مثقلةً بأفكارٍ مشتّتة وفكرٍ مُبهَم، وتدع المسكينة تزاول مهامّها بعد غداء ثقيل لم يسمح لكلتيهما بالتنفُّس بعدها. ولا تكاد تصل لتُفاجَأ بزميلٍ لها منتظِر:

حمدا لله على السلامة، كيف كانت الرحلة؟

- جيّدة، وممتعة في نفس الوقت
- منذ زمنٍ لم نلتق، أخبِرْنا
- أبدا، تعب و الله، جيّد أن تُقابل أناساً مميّزين
- يا سلام
- فعلا، اعتقدت أنّ ما تعلمتُه هو الأحدث
- و ماذا اكتشفت؟
- ليس سوى شيءٍ من أشياء
- لا تقنطوا من رحمة الله
- و نِعم بالله
- يقولون معرفة الناس مكسب
- لا بل معشر الناس مكسب
- و ما الفرق
- كبير، المعرفة سطحيّة و لكنّ المعشر حقيقيّ،
- فسِّر يا أبا لهب
- خلال الرحلة صادفتُ العديد من الوجوه الجديدة، و القديمة، و تمّتْ بذلك المعرفة، و

لكنّي و خلال الرحلة راقبتُ تصرّفاتهم، بتفاصيلَ أدقّ نظرا للظروف فالتجمّع يفرض التواجد طوال اليوم.

- وماذا اكتشفت
- أمضيتُ وقتا طويلا في مراقبة ماذا يأكلون
- حقّا
- أجل، من ملأ طبقه في اليوم الأوّل، ملأه في اليوم الثالث أي حتّى اليوم الثالث، و بنفس الطريقة و يمكن القول بنفس الأنواع و نفس الكمّيّة، و مَن لم يملأ طبقه في اليوم الأوّل لم يملأه حتّى اليوم الثالث، بل أبقاه شبه فارغ، كما في اليوم الأوّل.
- وما همّك بذلك
- من ملأ طبقه في اليوم الأوّل ، كذب عليَّ في اليوم الأوّل، و في اليوم الثاني و حتّي في اليوم الثالث.
- و الآخر؟
- من لم يملأ طبقه في اليوم الأوّل حتّى اليوم الثالث، كان جدّيّا متحفّظا، مراقبا عن كثب.
- حسنا و ماذا بعد؟
- أخافني النوعان من البشر ممّا سبّب لي قلقا عجيبا وعدم راحة، حيث أنّني احتقرتُ الأوّل و خِفتُ الثاني.
- و ما لك بالاثنين
- مراقبة الناس فنّ

- من راقب الناس مات همّا
- هناك فرقٌ كبيرٌ بين الهمّ والفنّ، فمراقبة الناس همٌّ بالطبع، حيث يترتّب عليها الكثير من عناء الغيرة والحسَد، أمّا مراقبة الناس فهي فنٌّ بالطبع حين تنطوي المراقبة على التحليل و الاستنتاج فقط.
- ما لي بالفلسفة أنا
- حسنا إذن من دواعي سروري التعرُّف إلى الأماكن الجديدة، و كان المكان بالنسبة لي اكتشافا جيّداً، يفتقد بعض الحميميّة ربّما،، إنّما!
- أردتُ هديّتي، هذا كلّ شيء
- بالحفظ والصون، هاك الهديّة
- لستُ ممّن ملأ الطبق!
- و لستُ ممّن أبقاه فارغا
- ممّن إذن
- أحبُّهم إلى قلبي

وتعتذر مبرِّرة البريد المستعجل، باب مكتبه، وبمزيد من الأسى واللوعة تعدّد " أَلِكوني ذكيّة، قويّة، محترمة، جميلة، مُتّخِذةً قراراً، عفويّة، صادقة، جريئة، مؤدّبة، متعاونة، متفهِّمة، مستمعة جيّدة، متعلّمة، كفؤة، ذات خبرة، ناضجة، شابّة، متحفّظة، كتومة، محافظة، مفيدة، إيجابيّة، ناصحة، مرشدة، هادئة، حيويّة، أتقن ثلاث لغات، أجيد

استخدام الحاسوب، أعرف أصول الإتيكيت، أجيد التعامل مع الآخرين، متسامحة، شغولة، شغوفة بالمعرفة، دائمة التطوُّر والتحديث، أيّها المتعسِّف، تضطهدني؟. هههههههه جميلٌ هذا المسرح المتحرّك، رانيا أفيقي. وتستعيذ بالله من الشيطان الرجيم، و يا له من شيطانٍ رجيم، ويا لها من خيبة أمل كبيرة، كبيرة تملأ الدنيا بكبرها، و كيف لا فكلّ ما بُنِي قد هُدِم، و كلّ ما منّيتُ به النفس قد راح، وكلّ من وُجِد اختفى، فجأة وبدن سابق إنذار. لا بل مع سابق إنذار، لا بل مع سابق كلّ الإنذارات و إنهاء الخدمات، وما هي تلك الخدمات، ولمَ كانت الإنذارات، فكلّ ما كان مجرّد همجيّة، أو أقلّه عشوائيّة، و بأحسن الأحوال عاطفيّة، لا مبرّر لها سوى الأنانيّة، و الآنية الخالية من كلّ مسؤوليّة. ما هو الشيطان الرجيم، أظنّني عرفتُه، بعد عناء، ولكم احتجتُ من الوقت، فكم أنا غبيّة، لأفهم !. في البدء كان الإله، الإله هو المحرّك، فالإله في كلّ واحد فينا، هو الداعي للخير، للحبّ و السعادة، للفرح و النجاح، أيضا للصبر، للتحمُّل، للحزن، للخسارة و التضحية. و هكذا كان، فالاعتماد كان على الله، و الاتّكال عليه، و العوذ به، و الرجوع إليه، و هو المحرّك المدبِّر القادر على تصحيح المسارات. سارت الأمور على هذا النحو، نحو 20 عاما، خلال العشرين عاما السالفة الذكر، كانت الأعوام بطيئة ثقيلة، ثقل الصخرة الكبيرة جدّا التي حملها

شمشون، أو لربّما أثقل، أثقل بكثير، فشمشون لم يكُن أصبرَ من أيّوب. إذن لا اعتراض على حكمك يا الله، يا عظيم، يا عليّ يا رحيم. بنفس المبدأ تمَّتِ الصفقة، أجل الصفقة، ما هي الأولويّات،،، الأولويّات هي الاستمراريّة، و لمَ الاستمراريّة،،، تحمُّلاً للمسؤوليّة، فلسنا وحدنا على الأرض، فنحن سلسلة. حسنا إذن، لا خراب لا بل إعمار، وكيف الاعمار، بالتماشي مع الظروف، ولتكُنْ مشيئته. حسنا وما علاقة الشيطان بالأمر، طالما القدر محتوم، و الله مدبِّر، و هو رحيم، فلتكُن مشيئته، وهنا الخطأ، أجل الخطأ الشنيع وهنا الشيطان، حيث أنّ الشيطان ارتدى رداء الله، و تحدّث باسمه وأقنعَنا بأنّه هناك لحمايتنا، إذ إنّه لا أحد هناك لحمايتنا من شيء، مقدَّراً كان أو مكتوباً.

ولو سألنا أنفُسَنا لمَ نرغب في الخطأ، ربّما للردّ على خطأٍ مقابل أو ربّما لنهرُبَ من خطأٍ قائم، أو بأسوأ الأحوال حُبّاً بالتجربة، وفي كلّ الأحوال فنحن سنلقى المصير نفسه، النار، أو الجنّة لأنّ الله غفورٌ رحيم، ولكنّ الواقع غير ذلك، الواقع بأنّنا سنلقى العقاب الشديد، النار على الأرض، إذن ما الحلّ، فنحن غير قادرين على الخطأ، وذلك لأنّنا غير قادرين على حماية أنفسنا من تبعات أخطائنا،

فلنسلِّمْ إذن بأنْ يبقى الحال على ما هو عليه، حسنا و ما هو الحال، غير عبث و استهتار، الحال مجرّد مادّيّاتٍ خاليةٍ من أيّ تعاونٍ باستثناء التفهُّم المطلوب، و التفهّم المطلوب موجودٌ ومن كلّ الأطراف، وهنا المأزق الثاني، حين لا تجد من تصرخ في وجهه و ذلك ببساطة لوداعة الحمَل،، و لكنّه غير مريح، و أنت لا تعرف السبب، أو بالأحرى لا ترغب في معرفة السبب، و لكنّك تختنق. فأيّ الأمرين الأصحّ، أن نحيا جحيما آمنا أو جنّة مليئة بالأخطار، فالسعادة عابرة و الجحيم عابر في كلتا الحالين، حيث لم يحيَ أحدُنا أكثر من مئة عام إلّا ما ندر. لو قلنا فلنجرِّبْ، فمن يضمن الزمن و الوقت، و مَن الذي يحرّكنا أهو الله الأحد، أم الشيطان الرجيم.

ماذا لو شعرنا يوما بأنّ كلّ ما فكّرنا به سابقا كان مجرّد مضيَعةٍ للوقت؟ كيف لنا إقناعُنا بأنّ ما قُمنا به وما سنقوم ليس سوى خطواتٍ حتميّةٍ قدَريّةٍ لم ولن يكونَ لنا حولٌ فيها ولا قوّة؟ فلنفترضْ بأنّنا استطعنا التوصُّلَ إلى فكرة الاستسلام، الرضا والتسليم، وتركْنا أنفُسَنا للريح كما السكّر، القهوة، نذوب في ماء الحياة، لتعبث بنا كيفما شاءت إلى ما

لا نهاية. حسنا إذن، فيما لو استسلمنا للقدَر فماذا ستكون الاحتمالات، أو بالأحرى النتائج؟ إمّا أن نروح في ضربةٍ طائشة، أن نصبح المفسدين في الأرض، أو أن نستويَ على صراط مستقيم، جميلٌ أن نستوي، ولكنْ كيف لنا أن نضمنَ صدّ الهجمات المعادية؟!

ماذا لو رفضنا الفكرة؟ عاندْنا وأصررنا بأنّ لنا رأيا، موقفا ولنا خطوات نتّخذها؟ ماذا لو قابحْنا؟ ثُرنا واعترضنا واعتصمنا في سبيل ما نؤمن به، وما نؤمن به؟ قضيّة فرديّة، وكيف لنا التأكُّد بأنّ لنا الحقّ أن نستشهد في سبيل مصلحةٍ شخصيّة؟ مصلحة شخصيّة، فالقضيّة فرديّةٌ بالأصل. إحساسٌ بالظلم؟ بالغُبن؟ بعدم الرضا؟ حسنا وماذا عن الغابن؟ الظالم عديم الاكتفاء؟ وكيف لنا الحكم على موقفٍ كهذا؟ مَن المُخطئ ومن المُحقّ؟ وكيف لنا أن نكونَ مُنصفين؟ ونحن طرفُ نزاع، كيف لنا أن نتّخذَ القرار بأنّنا مظلومون؟ كيف أعرف أنا مظلومٌ أم ظالم؟ وما هي المؤشّرات؟ إحساسٌ بالألم؟ بالحزن؟ بالغضب؟ بالندم؟ بعدم العدالة؟ فكلّ ما ذُكِر يمكن أن يسُدّ خانات الحالتين، الظالم

والمظلوم، نستطيع تعديل المسار؟ أجل نستطيع تعديل المسار، ولكنْ لمَ؟ لنشعرَ بأنّنا بحالٍ أفضل؟ لنشعرَ بأنّنا المسيطرون على الوضع؟ أهي ما تسمّى العدالة؟ في إرضاء (أنانا)؟ وماذا بعد إرضاء الذات؟!لو شاء صنيعا يسكنه القبر. من يقشع هذا الضجر، الضجر هو محور الحلقة اليوم، رانيا منشغلةٌ بنسج خيالاتها مُكمِلة أفلامَها الوهميّة، أراه سُمّاً نرتشفه دون أن ندري، ما الحلّ؟ لستُ أدري، هل يمكن لسنّ التقاعد أن يحلّ المشكلة كالتقاعد من الحبّ مثلا؟ ربّما نعم وربّما لا فالعشرة ما بتهون إلّا على أولاد الحرام، كيف لنا أن نهنأ؟ سؤالٌ يعود ويعود ليطرحَ نفسَه؟ وهل هي حصلتْ؟ أوَمِن العدل أن نطلب الموتَ هربا من الضجر؟ رفضٌ كليٌّ لوقتٍ غولٍ يلتهمنا، وماذا بعد أن ينتهيَ كلّ شيء ؟ سؤالٌ يؤرّق مَن لا ينامون! الاستسلام أم الانتحار هربا من ضجيج الصمت.

لطالما حلمتُ بشيءٍ ما، لم أعرفْ قطُّ ما هو، لكنّي لطالما شعرتُ بتوقٍ لشيءٍ ما، لم أعرف يوما ما هو ذاك الشيء، لقد أسموني حنين، لكثرة ما في عينيّ من حنينٍ لشيءٍ ما، لم أعرفْهُ قطُّ، وبقي ذاك الشوق يكبر في داخلي إلى أن بلغتُ من العمر ما

أنا عليه، واليومَ أشعر بأنّني بحالٍ أفضل، مع أنّي لم أجِدْ قطُّ ذاك الشيء الذي لا أعرفه ولطالما بحثتُ عنه. حاليّاً أنا أراجع ما لديَّ من رسائلَ عليَّ قراءتُها، لطالما اعتقدتُ ذلك، عليَّ قراءتُها، قراءتُها بإمعانٍ، وفهمُ معانيها، فهي مفروضةٌ عليَّ، ولطالما أجّلتُ الموضوع، وكيف لا فأنا أخافُها، هناك في تلك الرسائل جنّة وهناك نار، وهناك صراطٌ وسياط جلد، أسمع طنينها يخرُم أذنيّ، حتّى قبل أن أجرّبها.

بدأتُ أراجع مثلي، رحم الله جدّتي، فهذا مثلها، ويا لَهول ما وجدتُ، ضحكتُ كثيرا، كثيرا ضحكتُ، وكنتُ كلما تعمّقتُ أكثرَ أضحكُ أكثرَ، فما هذا الذي أقرؤه؟ ممَّ أنا خائفة ؟ عجبتُ لأمر هذه الدنيا، كيف يمكن لتلك الأشياء أنْ تحكُمَنا؟ أن تخيفنا؟ أن تعيقَ حركتَنا، تشلّنا عن الحركة؟. فلنُعِدْ طرحَ المعادلة،: هي تحبّه، هو يحتقرها ، هي تهجره، هو يحاول استعادتَها، هي تحبّ آخرَ يحبّها ويرغبُ باقتنائها بشروط، لم تكُنْ يوما عادلة، ترفض أن يهجرَها ويحاولَ الاحتفاظ بها، لكنّها تهجره، المرأة هي دائما الكاسب الأكبر، أليستْ هي النفس؟

فلنحاولْ تطبيق النظريّة، العقل هو الرجل، فلو أُذِنَ للعقل أن يحكُمَ بمعنى أن يتّخذَ القرار الصحيح، فما هي الاحتمالات؟

أن يهجرَ الأوّل الأولى لمجرّد نزوةٍ عابرة، أو أنْ يهجرَ النزوةَ ويكتفي بالأولى، أو أنْ يبقى على الاثنتين معا. وغالبا ما يحدث.

بالنسبة للآخر، أن يهجرَ الأولى ، الثانية العابرة، أم يحتفظ بالاثنين معا، وغالبا ما يحدث

ماذا لو عكسنا الآية: فيما لو النفس أي المرأة هي صاحبةُ القرار، فما هي الاحتمالات:

أنْ تهجرَ الأوّل الخائن، أنْ تسامحَ الأوّل الخائن بشرط أن يهجرَ الأخرى، أنْ تُحبَّ الثاني المحبَّ الخائن، أو أن تهجرَ الاثنين معا، وتتّجهَ لثالثٍ مجهول.

ما الفرقُ بين أن تهجرَ المرأةُ الرجلَ؟ وأن يهجرَ الرجلُ المرأةَ؟

ماذا لو سامحَتِ المرأةُ الرجلَ؟ أو أن يسامحَ الرجلُ المرأة؟

ماذا لو لم يكُن الأمرُ كذلك؟

لديّ الكثير لأقوله، ويا لكثرة البشر، لمن أقول ؟ لمن أقول؟ ليس من أحدٍ، سأكتب ما أريد قوله، لا يهمّ، لستُ بحاجةٍ لأحدٍ لأقولَ له شيئا، لكَم أحببتُ انفصامي، أكسبَني شخصا أحبّه وأثق به. ها أنا أقول لنفسي:

فوجئتُ بحذفي من قائمة الأصدقاء على الفيس بوك، لم يمضِ على إضافتي إلّا بضعة أيّام، ربّما خافَتْ من غولتها، لا ألومُها فهي ليستْ بالقوّة الكافية لتُواجِهَ ما نحن عليه، لا يهمّ بالناقص.

نعود لحديثنا، الله يعني الحياة، لو فسّرْنا ذلك، الحياة لها ضدٌّ وهو الموت، والله ليس له ضدّ إذن لا يجوز الادّعاء بأنّ الله هو الحياة.

لو فرضنا بأنّ الله هو كلّ شيءٍ جميل، فبذلك نكون قد حصرنا الله بالجمال، والله لا يُحصَر بصِفة، إذن لا يمكن لنا الادّعاء بأنّ الله جميل، فالجمال له ضدٌّ وهو القبح والله ليس له ضدّ و ليس بقبيح.

لو فرضنا بأنّ الله هو الخير، فالخير له ضدّ وهو الشرّ، إذن فالله ليس الخير، وهكذا دواليك، لو أمضينا عمرنا بكامله نطرح ما هو الله، لن نجد تفسيرا شافيا، إلّا الآتي: الله هو كلّ شيء، جمالا وقبحا، خيرا وشرّا ، موتا وحياةً، الله هو الوعاء الأكبر، مع أنّي أميل لنظريّة التحيز، فالله يحبّ الخير ويكره الشرّ، مع أنّ الله لا يحبّ ولا يكره، لستُ أدري فإنّ إلهي يحبّ ويكره، ويُفضّل الخير.

كان الوضع يومها على أشُدِّه، فهو أي الوضع، لم يعُد يحتمل، وما الحلّ إلا بتغيير الوضع، توكّلتُ على الله، وظيفةٌ جديدة، مكانٌ جديد، وجوهٌ جديدة، أو بالأحرى أقنعةٌ جديدةٌ تتّسم بالوجوه أو ما شابه ذلك أي الوجوه التي كنّا قد تحدّثنا عنها سابقا. المهمّ، أصبحنا وأصبح الملك لله، فها هو اليوم الأوّل:

- المدير يريد رؤيتك
- حسنا، صباح الخير، صباح الخير، ما وددتُ قوله.....
- عُلِم فالسرّيّة التامّة هي أوّل مطلب قد اعتادتْ عليه من كلّ مديرٍ جديد
- انتبهي للمحيطين فهم ثعابينُ وأفاعٍ
- حسنا

- عليك مراجعة التقارير بدِقة، فهناك بلاوٍ بين السطور
- حسنا حاضر
- لا تنسي موضوع المتابعة، فوضعُنا حسّاسٌ ولا يمكننا إغضابُ أحد
- حسنا
- هذا كلّ شيء حتّى الآن

على مَرّ الزمن تنقلتُ بين وظائفَ عِدّة، وكلّها عنيت بشؤون الجماعة، مؤتمرات ، اجتماعات، متابعات واتّصالات على أعلى المستويات، وما لاحظتُه خلال رحلتي أنّ البشر عامّة متشابهون لدرجةٍ تُشعر بالملل، وفي البداية كان يفاجئني كثيرا تكرار المثال، على سبيل المثال الأبراج التي تحكم الشخصيّات، الكواكب والفصول، فيقال مثلا هذا برجه الحوت وهذا كوكب زحل وهذا شخصيّته صيفيّة أو خريفيّة، وما شابه ذلك، والغريب بالأمر أنّ كافّة هذه المواصفات أو الصفات الملاصقة إجمالا للجميع قد ينحصر عددها ما بين مئةٍ إلى مئتي صفةٍ كحدٍّ أقصى، فلو قُمنا بتقسيم الصفات المئتين على مليارات البشر على كوكبنا، لم نقُلْ بأنّنا قد خبرنا الأشخاص

المقيمين على كواكبَ أُخرى، فسوف نجدُ بأنّ نسبة التشابُه عاليةٌ إلى درجةٍ تصيبُنا بالإحباط ولربّما الشديد.

الإحباط وما أدراك ما الإحباط، أن تستيقظ في الصباح الباكر وأنت معتقدٌ بأنّك الوحيد والوحيد الأوحد على هذه الأرض، الذي تملك هذا الاسم وهذا الشكل وهذه الطباع، نوعٌ فريدٌ من نوعه، ومجرّد أن تخرج من عتبة بيتك، تكتشف بأنّك عدد، مجرّد رقمٍ وحتّى مكرّرٌ لنسخٍ مليونيّة من نفس اللحم والدم والأحاسيس والمشاعر، وحتّى الاعتقاد المماثل بأنّهم أيضا الوحيد الأوحد، النوع الفريد، فتخيّلْ الازدحام. ما العمل في هذه الحالة؟ كيف لي أن أقبلَ واقعا بهذه المرارة فأنا لستُ الوحيد الأوحد على هذه المعمورة "ويا أرض اشتدّي ما حدا قدي!!!" قد أُصابُ بالجنون، جرّاء هذا الاكتشاف المُجحف!

ماذا تفعل ماذا تفعل؟ الخطوة الأولى إلى الخطوة مليون:

1- أن تؤمن بالله
2- أن تتمسّك بحباله

3- أن تُرغِم نفسَك على التواضُع

4- أن تُحجِّم احتياجاتك بشكلٍ يسمح للمستنسخين منك تلبية احتياجاتهم

5- أن تَلجِم غضبَك، فلا داعي للشوشرة

6- أن تُحسِنَ معاملة أعدائك المستنسخين، إخوتك في الإنسانيّة

7- أن تقوم بعملك على أكمل وجهٍ رغم المضادّات اليوميّة

8- أن تبتسم في وجه مَن افترى عليك في وجهك أو في ظهرك فكلاهما سيّان

9- أن تدعو لهم فهم يا أبتي لا يعرفون ماذا يفعلون

10- أن تصبر فإنّ الله مع الصابرين

11- أن تحارب لتحقيق هدفك حتّى لو أوقعتَ ضحايا

12- أن تزيح كلّ من تسوّل له نفسُه مجرّد التفكير

13- أن تمسح من على هذا الفيسبوك ☺ كلّ من شكّ بتميُّزك ولو للحظة

14- أن تحيك المؤامرات، وتحبك حياكتها.

107

15- أو أن تفني البشرية المستنسخة تلك لتعود كما اعتقدتَ قبل خروجك من منزلك البسيط العاديّ المكرّر مئة مليون مرّة بأنّك الوحيد الأوحد على هذه المجرّة التي قيل لي بأنّها تُدعى درب التبّانة.

طعم القهوة في المكتب مختلف، فهو وعلى رغم مرارته له مذاق حلو، ربّما لذّة العمل!. فرصٌ وتحدّيات، مبدأ في عالم الأعمال، كما وعلّمونا أيضاً أنّ المغامرة القُصوى نتيجتها الأرباح القصوى. ربّما أو ربّما الخسارة التامّة ففي عالم الأعمال ليس هناك من ضمانات، ولكنْ أنْ نخشى اتّخاذ القرار بالمغامرة سيبقينا حيث نحن والثبات بحدّ ذاته تراجُع. أنا أُفضّل المغامرة المحسوبة قدرَ المستطاع فالتهوُّر مدمِّرٌ بشكلٍ عامّ، وبناءً عليه، قرّرتْ رانيا بدءَ مشروعها الخاصّ والاستغناء عن منّيّة أرباب العمل.

بائعة الشنط

.... في المعرض الدائم

في كلّ مساءٍ تُهرول ميّ إلى معرضها، كهرّةٍ هاربةٍ من صيّادٍ ماكرٍ رآها تأكل ما لديه من صيدٍ لليوم. تدخل المعرض وترى ما تراه فالبنات منتشراتٌ والمعجبون داخلون خارجون، معرض. تمتطي أوّل كرسيٍّ تصادفه لتريحَ رجليها المتعبتين من عناء الوقوف في الصفّ تشرح للتلميذاتِ أُصولَ التربية المدنيّة، من الثامنة صباحا وحتّى الثانية ظهراً. وكما أنّها تحاول إزالة آلام الديسك بالقيام بأعمال المنزل كنوعٍ من التمارين الرياضيّة، رغم أنّها بذلك قضت ومن حيثُ لا تدري على رغبتها باستكمال صفّ الرقص الأسبوعيّ.

ترقُد مستكينةً، قاطنةً في كرسيّها الذي يكاد يصبح متحرّكاً ترقُب الشنط، فلا حسٌّ ولا نسّ، رغم كثرة الزبائن، وبكلّ الأسى واللوعة، نادمةً على المبلغ المرقوم الذي استثمرته في مجالٍ محكومٍ عليه بالإعدام، ماركةٍ جديدة؟ غير معروفة، ومن سيشتريها؟ أحمد الله على عدم استثماري بالأحذية.

وتأتي زميلتها بالمعرض أولغا، تلك بائعة الدرّاعات الهجينة ذات الحضارات المختلفة، متقاربة ومتباعدة لكنّها أثمرت وانتهينا. تلك البائعة اللذيذة، الدرّاعات؟ عبارة عن قطع قماش غير متناسقة وغير متماشية مع بعضها البعض على الإطلاق، وهذا هو سرّ جمالها، الغوغائيّة وغرائبيّة المنظر، لا يهمّ فالمهمّ سعر البيع الذي يفوق كثيرا سعر التكلفة، هكذا يكون البيع، حسنا يا زميلتي الشابّة.

يبدأ الحوار تارةً عربيّاً تارةً تركيّاً وينتقل من حديثٍ إلى حديث ومن موضوع إلى موضوع دون أيّ رابطٍ بين الأحاديث أو بين المواضيع، وتستمع بائعة الشنط وتصغي بآذانٍ ملآنةٍ مقفلة وكذلك تتحدّث بملء فمها وتفشي بأسرارٍ لم تكُنْ لتتخيّلَ أنْ تتلفّظ بها. وتمرّ الساعات والأيّام ثقيلاتٍ إلى أن تصلا إلى يوم لا تستطيعان فيه تسديد الإيجار، وتتساءلان، ماذا الآن؟ فتشبّ بائعة الدرّاعات مبربرةً، وكيف لي أن أحيا في ظلّ هذه المنافسة الشرسة، فزميلتنا لا تدعُ شيئا لا تبيعه سوى البني آدمين.

لا تفكّري بهذه الطريقة يا شابّة فكلّنا يبيع ما يختلف عن الآخر كما رأيتِ، حتّى العَقد الذي وقّعناه لا

يحدّد ولا يحتّم علينا نوعَ البضاعة، طالما التزمنا بأماكننا. وتنتقل الاثنتان إلى الثالثة، الزميلة الثالثة بائعة الفضيّات أوتاد وتستمعان لتكملة القصّة، كيف تعرّفتْ على الزوج وكيف خطبَتْه وتزوّجتْه بعد أن طلّقتْهُ من زوجته الأولى أمّ الأطفال الثلاثة. أمّا حين غيّرتْ صاحبة المعرض طريقة العرض! يا لَهولِ غضبِ صاحبة الدرّاعات، فهي لطالما اشتكتْ من الإجحاف في ذلك المكان المسرحيّ. ولكنْ كما العادة تثور وتخمد كبركانٍ مشتعلٍ في مكانٍ ناءٍ لا يدري عنه أحد.

حصل أن كانت إحدى البائعات، مروة، على موعدٍ مع حبيب يُقال بأنّه زوج المستقبل، ولكنْ كلّ ما كان باديا بأنْ لا مستقبلٌ في ذلك الشابّ ولا منه أملٌ بزواج. ولكي يشغلنَ الأمّ عن لقاء مروة بالخطيب المُرتَقب، يحصل أن تلتقي بائعة الشنط بالأمّ سامية، وتستمع للقصّة " الأبُ ظالمٌ بخيل، ممّا حدا بالأمّ المسكينة، كما تدّعي، إلى هَجره، بعد إنتاج خمسة أطفال، ثلاثة أولادٍ وبنتين، تقول خلعْتُه بعد أن مللتُ من الإنفاق عليه وتزوّجْتُ غيره، لقد سئمتُ العمل و الشقاء للإنفاق على الآخرين، تقول الأمّ "عملتُ زوجةً وأمّاً وربّة منزل وموظّفة، وحوّزتُه

كلّ ما جنيتُ، وبعدما ضقتُ ذرعا، خلعتُه ومن ثمّ تزوّجتُ بآخر لينفقَ عليَّ، هههه".

أمّا البنات فهنّ يعاقبنَها لتخلّيها عنهن كما يعتقِدْن، فهي قد تتّصل بإحداهن ولا تردّ المكالمة، كلّ ما في الأمر أن تقومَ بدعوتهنّ إلى منزلها أي منزل الرجل الغريب زوج الأمّ المتزوّج أصلا، ويعيش معها للمتعة، تطبخ لهنّ، وتذهب لمنزل والدهنّ البخيل حيث يقطن لتنظيفه وترتيبه، كما وتقوم بتوصيلهنّ إلى المعرض لتُوفّرَ عليهنّ أجرة الطريق. ولكنْ ولحُسن حظّها فالصّبيّان يعاملانها بمنتهى الحبّ والرحمة، كما تقول.

وتنطلق سامية مكملةً القصّة " حين تركت زوجي وعدتُ أدراجي إلى بلدي، ذُقتُ المرّ أنواعا ومن أخواتي وأوّلهن الكبرى، ظنّوا أنّي سأكون عالةً عليهنّ، ولكنْ وربّك كبير فأنا تعرّفتُ على أبي محمود مصادفةً ودون سابق إنذار قبل أن أخلع أبا البنات. والحمد لله أتعرفين فإنّ إخوتي مدينون لي بعشرة آلاف دولار، وحين عرف طليقي بالمبلغ جُنّ جنونُه كيف استطعتُ إخفاء ذلك المبلغ عنه.

وهو المستبدّ الذي لطالما شذّني من شعري ساطيا على محفظتي بكلّ ما فيها، لقد عملتُ بائعةً، مساعدةَ مُدرِّسة، سائقة تاكسي ومُدرِّسة قرآن.

وتسأل ميّ، بحشريّتها المعهودة، جيّد، فهل أعادوا لك المبلغ؟ كلّا، متى إذن؟ حين تتحسّن ظروفهم، على العموم أنا اتّخذت قراري بأنّني لن أعود إلى وطني ما حييت، واجبي هو مراعاة والدتي، وأنا سأقوم بإحضارها بكرت زيارة لأتمكّن من رؤيتها فأنا لم أرَها منذ ثماني سنوات.

المزيد والمزيد من الوافدات المشاركات وميّ تمرّ بقرب صالة العرض وهي لم يكن ليخطرَ لها يوما أن تتجرّأ على السؤال فيما لو يمكن لها عرض منتجاتها فيه. وذاتَ يومٍ أغمضتْ عينيها واتّكلت على ربّها ودخلت. في المرّة الأولى وجدتِ الموظّفاتِ الآسيويّاتِ وقُوبلتْ بكثيرٍ من الترحاب المطليّ بالدهاء كالعادة، فالمدير مشغولٌ، عنده اجتماع ، سنتّصل بكِ لاحقا، ومن هذا القبيل وهي تقول في نفسها لمَ أتيت؟. وبينما أتمّتِ الحديثَ شخصٌ آخرُ كان في الانتظار وطلبنَ منه تعبئة الاستمارة، إلى أن يفرغ المدير من اجتماعه، حيث كان على موعدٍ معه.

أثار الموضوع فُضولَها وعنادَها المعهود، فدخلتْ في اليوم التالي وفي هذه المرّة كانت أوفرَ حظّا فمَن استقبلها كان شابّا واثقا بنفسه وممّا يقوم به. شرح وفصّل ومن ثمّ شرح كيفيّة تعبئة الاستمارة، كما وأنّها حصلتْ على رقم هاتف المدير حيث قامت بالاتّصال به، وكان المدير أيضا فنّانا وقادرا على الفهم فهو أيضا خرّيجُ الفنون التشكيليّة. طلب رؤية صور اللوحات وليجيبَها فيما لو كان هناك من إمكانيّةٍ لعرض منتجاتِها أي لوحاتِها في المعرض القادم حيث تمّ إقفالُ قبول باب الترشيحات للمعرض الحاليّ، وعلى الله الاتّكال.

سبحان الله، كيف للأمور أن تختلفَ بعشرة أمتارٍ فقط فالصالة هي جغرافيا تكملةٌ للمعرض الشامل، كيف للمال أن يُحدِثَ كلّ هذا الفرق؟ وهل هذا من العدل؟. ما هذا المزاج السيّئ؟ الطقس؟ ربّما فالغبار هذا العام أصبح أشبه بالطحين الأبيض الناعم، لا يدخل الأنف فقط إنّما يعمي البصر ويدخل بالبصيرة.

ربّما كان السبب الطقس وربّما كانت تراكماتُ يومين من العطلة الأسبوعيّة. كيف لهذه العطلة أن تصبح كاهلا على عاتقها. كلّ حرفٍ مشكلة كلّ

كلمةٍ وكلّ حركةٍ مشكلة، طفح الكيل ولا أملَ بالشكوى فلا حلَّ على المدى المنظور، السكون علامة الرضا، السكوت علامة الخنوع وقلّة الحيلة. المحزن في الأمر، أنْ لا مشكلة بالأساس، فالمشكلة الأساسيّة تكمن في إسقاط المشكلة الأخرى على ما يتمّ الخلاف عليها كمشكلة، ولتصويب التفكير بالاتّجاه السليم يجبُ أن نُفكّر مليّا قبل افتعال مشكلة.، ولكنّ المشكلة، لمن تقولين هذا الكلام!.

عادي، وما المشكلة فهل من عيبٍ في قلّة الحيلة؟ كلّ العيوب في قلّة الحيلة. أراها العبوديّة بعينها! العبوديّة أم المصلحة؟ حيث تسكت عن شيء، ولم تسكتْ أوليس لأنّ لك هدفا من ذاك السكوت؟ هل أحيانا وأحيانا ولمجرّد أنّك أضعف من أن تواجه ليس إلّا؟ المصلحة هي في أن تجِدَ من يدفع ثمن السيّارة، من يشتري الألماس ومن ينفق على مصاريفَ ثانويّةٍ لا علاقة لها بالسعادة، إذن فأين الخنوع وأين الخضوع؟. ثمّ تعود وتسأل، ما في شي ثاني غير المعروض؟ وترمقُها بائعة الشنط فهي أصبحت متخصِّصةً وخبيرةَ درّاعاتٍ ولمَ لا فلها سوقها ولها من يشتريها.

ماذا عن المبدأ؟ كيف لنا القول عندي مبدأ؟ ما معنى مبدأ ولمَ علينا أن نكون أصحاب مبدأ ولمَ لا نغيّر

مبدأنا طالما فيها مصلحة؟ خلاص، انعتاق أو أيّ شيء، خلاص أوكي أي شي كم سعرها؟ 35 تجيب، وتذهب لتسحب المبلغ من الماشين، فما عندنا كي نت، على العموم فالماكينة قريبة، في المستشفى المقابلة قسم الطوارئ. يا لمحاسن الصدف، طوارئ ماكينة وشنط.

على العموم لقد ذهبت وغالبا فهي لن تعود، وتأتي أخرى وتتجرّأ وتسألها ألا ترغبين بشنطة للنفنوف؟. و ينقلب الموقف ليصبحَ شبه المنحرف، فكيف لهذا الشيء الذي يُدعى أنت أن يتجرّأ ويقتحم خصوصية تلك البجعة؟ هذه هي الثقافة السائدة بالسوق، سوق الحريم على وجه التحديد، لا تتحرّكي لا تتكلّمي، ولا حتّى تعطي أيّ انطباع فالزبونة أشبه ببطاريّة دوراسال، لا تسمع لا ترى لا تتكلّم، عليها أن تسأل رفيقاتها. وبعد أن يُجمع الرفّ بأكمله بأنّ هذه المحفظة ذات العشرة "تهبل"، يصدر قرار الشراء الميمون.

أحضرتْ ميّ الدرّاعات وبدأتْ بتعليقها، فها هي الزميلة العجيبة تبدي إشارات الامتعاض، صرنا نصمّم دراعات بعد! لمَ لمْ تمزجي الألوان؟ لم تضعي.... ؟ لم؟ و........لم؟. فالموضوع أشبه

116

بالجريمة المنظّمة، السوق، من فيه ومن يأتيه، كيف لي أن أُوقفَ التفكير، أمتنعَ عن التفكير، أو أن أشغلَ نفسي بأيّ شيءٍ بأيّ تفصيلٍ باستثناء صلب الموضوع، علّي بالرسم سأدلق الهواجس ألوانا على الكنفا، لن أتفوّه ببنت شفة.

حدث وطُردتْ تلك الصغيرةُ القاصر شيماء من وظيفتها للإهمال، واليوم حين رأيتُها تساوم ربّة العمل ابتسمتُ، ولا أعني أنّي سعيدة فللبسمة وجهٌ آخرُ، فهي وأخواتُها لهنّ قصصٌ أخرى، من أين أبدأ لستُ أدري. معتدّة بنفسها "أيضا وأيضا إلى أن يأتي اليوم الذي لا تسمح صحّتي بصرفه". وتجيبها المسؤولة رويدا" لنقِفْ أمام المرآة ونسألها: هل نحن فخورون بما أنجزنا حتّى تاريخه؟ فإن كانتِ الإجابة بنعم، فلنكملْ وإن كانت بلا، فلنغيّر المسار.

وتكمل بائعة الأصباغ رويدا "هيجان البحر في تلك الليلة الظلماء بدا كأنّه جناحا وطواطٍ أو بومة تنبئ بوفاة عجوزٍ مقعدةٍ تحلم بالمرفأ البعيد. وقالت لها أفسِّر الأحلام، ففرحتْ وسعدتْ وقالتْ وأعادتْ، وشرحتْ شرحتْ، تفاصيلَ تفاصيلَ ودقّة بالشرح وحدّدتْ وجوهاً وأكملتْ، وسألتْ ماذا يعني، فقالت خيرا يا بنتي وتشبّثتْ بالودَع يُوشْوِشُها، فإن كان

مكتوبا سترينه وإن لم يكُ فبغير المكتوب، وكما تعلمين فكلّ مَن عليها فانٍ. فنظرت إلى نفسها هازئةً من نفسها على الوقت المهدور، ونفضَتْ ذيلها وغادرت خائبةً. وتُكمل" بأمّ عيني، فيما يسمّى بالدعوات، و حيث كنتُ أطلق النكات التافهة، لقتل الوقت القاتل الميّت ذاك، وهي تنقل له كلّ تفاهة أتفوّه بها، مستجديةً نظرة إعجابٍ من عينيه الجاحظتين تلك، دون جدوى.........كوني أنت، ثقي بنفسك، قلتُ لها، قبل أن نفترق وننهي صداقتنا". حسنا عزيزتي ولمَ كلّ هذا الانفعال، وتكمل رويدا "خادمتي هي السيّدة الأولى، ففي الصباح الباكر، الطفل موهولا فالباص ينتظر، الخادمة هارعة إلى النافذة، فلقد أمرَتْها المدام بالتأكّد من صعود الحافلة، ربع ساعة مضت والمدام متلعثمة فالعمل ينتظر، وعند إقفال الباب تسأل، مدام ماذا بشأن غداء اليوم، والمدام يائسة: لزانيا مُتمتِمةً (يا عديمة المبادرات أنت) ساعة العصر والمدام حانيةُ الظهر مطأطئةُ الرأس، والخادمة متقوقعةٌ خلف الباب متقرقعةٌ تكركر قرب مدفأة ليلة شتاء قارسة ، تعالي كلي، تغديت... شيشة مدام، ، بالله عليك... تنتحرينني مغسلة الضيوف متّسخة !! آسفة مدام فأنا لم أقُم بتنظيفها

اليوم... وبعد مضيّ اثنتي عشرة ساعة على تكرار المرّات العِدّة... المدام مُبربِرةً (تبّت يدا أبي لهب، فأنا لستُ سوى خادمة للمدام) هذه خطبتي لنادي الخطابة لليوم.

عندها، جاءت بائعة المفارش والبشاكير بثينة، شاكيةً ليلتها المليئة بالكوابس " الله أكبر الله أكبر، وتنشب على صوت اصطدامٍ مُدوٍّ لسيّارة مع نفسها حيث أنّ الشارع فارغٌ فنحن شارفنا على الفجر. أشهد أن لا إله إلّا الله، وتعود ليغمض لك جفن لمتابعة حلمك المليء بالأفاعي والحيّات الزرق خصَّتْ ذاك الحلم الكابوس بالذات. أشهد أنّ محمّدا رسول الله حيّ على الصلاة، وتنشب ثانية على صوت مزامير سيّاراتٍ وفدٍ هذه المرّة يقْمنَ بزفّ عروسٍ على عريسها، علينا المشاركة فهذا واجب. حيّ على الفلاح حيّ على خير العمل، وتعود لتنعمَ ببعض لحظاتٍ من كابوسك المرهق لكثرة الأعباء التي تحملها على ظهرك وأنت تتسلق جبلا عاليا، ولكنّك تنعم برؤية البطل يمزع رؤوس الأفاعي ليشويها حيث أنّه يتضوّر جوعا. الله أكبر الله أكبر لا إله إلّا الله، وتستيقظ لاهثا علّك تلحق صلاة الفجر".

وتفتي ميّ" الإحساس بالظلم غالبا ما يكون وهمياً من نسج خيالنا، لإرضاء حاجة باللا وعي لا نستطيع تحديدها، وذلك لعدم قدرتنا على فهمها، إنّما هذا لا ينفي وجودها في عقلنا الباطن، في مثل تلك الحالة، الحلّ الأمثل في الاسترخاء التامّ، والابتعادِ عن أسباب التشنُّج والتشويش الذهنيّ الذي قد يؤدّي بنا إلى هذا النوع الخطير من الانحراف الفكريّ.
كمثل أمّ الشهيد، حين أطلَّ الليل يومها بثقلٍ لم تعهدْه، فهي أمضَتْ يومَها تعُدّ أصابع زينب، عَقدُ القِران غدا، وأمّ العريس يجب أن تُقدّم طبقا على الأقلّ من شغل يدها، لا بارك الله بالجاهز، ولكنّ ولدها تأخّر وشهود عيانٍ أفادوا بأنّه اتّجه شمالا نحو الحدود، وحين عادوا به لاحقا قالوا الله اختاره ليزوِّجَه حوريّةً من الجنّة،،، لمّي أصابعك يا زينب وانفضي دقيقَكِ ولا تنكشي شعرك واقبلي فولدك شهيدا!.

جاءت سناء، بائعة الأحذية أخيرا، فهي لم تداومْ منذُ أسبوع، وصلتْ بما تحملُ من وجهٍ معتمٍ بما يحمل من هموم، وتتلو ما حدث مع صديقتها ليلة الأمس"....... وحين سألتُها لمَ رحلتِ، أجابتني بحزمٍ لم أعهدْهُ منها، لا تحاولي لقد اكتفيتُ بهذا القدر، تبدو بحالٍ جيّدة لستُ قلقةً بشأنها، أنا بتُّ قلقةً بشأني، نقرتُ على الوتر. مسافرٌ أنا مشغول، لا

تكثري استجواباتي، وتتساءل، أنا لم أتفوّه بحرف شفة!...... ماذا تقصدين سعيدة أنتِ بغيابي؟..... لا لا لم أقصدْ ذلك ولكن! ..... ماذا قولي.... أبدا حبيبي لا شيء، اعتني بنفسك فحسب..... اشتقتَ إليّ، فأنا لم أذهب بعد...... أكيد.....رصاصة الوحدة بسلاح الصمت قصّرت طريق مقبرة الحبّ، ممّا حذاني بك فارسا في الحلم الجميل، لا حصاناً تمتطي ولا حتّى بمبتسم، لا تقُل لي لحظة إبداع استغلّيها ولا ترسلني للحكيم الخطأ، أحتاج أن أتكلّم وأنتَ تسمعني، فلا تُعلّب أجوبتي بما يلوح من الهوى، فجُلُّ ما أطلبه أن أموتَ اليوم، على غدٍ أنت به تُحبيني" انفصلتْ عن زوجها تلك المسكينة، ولربّما لحُسن حظّها لا أدري.

قد يحدث أن نستقبل شخصا لنُودِّع الآخرَ وفي نفس اللحظة، ما نوعُ العلاقة بين الاستقبال والتوديع، وهل هي فعلا محضُ قدَريّة أم أنّها مجرّد نتيجةٍ لتخطيطٍ مُسبَقٍ باللاوعي أن نستبدل شخصا بآخرَ وفي توقيتٍ معيَّنٍ بالذات؟. كيف نصلُ إلى لحظة القرار؟ ما الذي يُحفّزنا على قلب الطاولة، وكم من الوقت والمحاولات الفاشلة علينا أن نجتازَ قبل تبديل المحبوب؟ .سمعتُ الكثير من قصص الغرام، ومن النادر أن ترى حبيبَين يفترقان دون رابع،

فكلاهما يجد البديل وبسرعة البرق! كيف ؟ كما ولو أنّ كلّ واحدٍ منهما جاهزٌ مستعدٌّ للحظة التخلّي تلك، وكأنّ كلّ من أحبّا بعضهما تعاهدا ضمنيّا ومسبقا بأنّهما سوف يتعايشان رغما عن سقوط أحدهما سهوا في غياهبَ عِدّة، كان يقع أحد المُحِبَّين بحبّ ثالث، بالفقر، بالخيانة، بالكذب، بسوء المعاملة! تعدّدت الأسباب والهجر واحد؟. قد يعترض البعض على نظريّتي، في أنْ يتمثّل بردود فعل على فراقٍ قسريٍّ أو حتّى طوعيّ عن اتّفاقٍ بين الطرفين كحالاتِ الإحباط الشديد واليأس وبعضُها والعياذ بالله محاولات الانتحار! وهذا أيضا مطروح، ولكنّه كنوع من الاستثناء، قلّما يحدث فتجده عادة لقلّة الخبرة بالحبّ والهجر.

فالسؤال الذي يطرح نفسَه هنا هل من الخطأ استبدال الحبيب؟ كأنْ تُلبسَ قناعا لشخصٍ وتَلبسَ أنت قناعَ شخصٍ آخر، فكما اعتدنا فإنّ التعوُّد طبيعةٌ سابعة، وبالتمرين كلّ شيء يحصل أي أنْ تصل لحالة الحبّ الأولى، ولكن؟ فيما لو تحابّ المُحِبّ والمُستبدَل؟ فهل سيستمرّان؟ أم أنّ بوادر صراعات الحبّ سوف تظهر ويفترقان من جديد؟ وفي هذه الحال فما الأسلم، أن تعيش حالة تمثيل

الحبّ؟ ففي تلك الحال أنت لا تطلب شيئا حيث أنّ من تدّعي حبَّه ليس بحبيبك وبالتالي فلا مسؤوليّاتٌ تترتّب عليه ولا أنت (تحزنون). أم أن تناطح القمر؟ وتُصرَّ على اللاموجود وتكابر حتّى على نفسك بأنّك تعشق دخان سيجارة ليس إلّا!.

الحبّ والمعاناة، نقطةٌ جوهريّةٌ تُسبّب الكثير من التساؤلات حول كيفيّة تخفيف الألم، ما هو دواء المُحِبّ الحزين؟ لأيّ سببٍ غيرُ قادرٍ على التحقيق، فإنّ غيابَ الحبيب سهلٌ، فهو قد يرجع وهذا حلّ، أم مرضُ المحبوبة سهلٌ أيضا طالما تتماثلُ للشفاء، ولكنّ المعضلة تكمن في القصص المستحيلة؟ أفهل من مستحيل؟ أم هُيِّئ لهم يا أبتي!.

لمَ نفترضُ المستحيلَ ولمَ نعتبره مستحيلا، فهل من شيءٍ مستحيل، أم أنّنا ضمنيّا لا نرغب بتحقيق مستحيلنا؟ يساورني شكٌّ عظيمٌ بين الخلط العفْويّ بين المكتوب والعقل الباطن، فنحن نعرف ماذا نريد ونفعل، ما نريد دون حتّى إدراكنا بذلك، فأنتَ حين تُقرِّر بأنّ حبّك مستحيلٌ فذلك لأنّك ترى أنّه ما من داعٍ له، أو على الأقلّ فإنّ تحقيقه يتطلّب خسارة جمّة لستَ بمُستعِدٍّ لتحمُّلها، وهذا جيّد، فسنوات العمر الطبيعيّ لأيّ بشريٍّ قد لا تكفي لتلبية حاجاته

المختلفة والمتخبِّطة، فهناك أولويّاتٌ وهذا يقينا من الندم. حسنا وفي هذه الحال، لمَ نشكو نقص التروية ونمتعض من عديم المشاعر ذاك الثالث الذي لم نرأفْ حتّى بمشاعره التي لم تكُنْ يوما لنا ولكنّه اضطُرّ لأسبابه الشخصيّة أن يكونَ جليسَنا.

وتُكمل سناء مُتنهِّدةً " اليوم سعيد، وأنا سعيدةٌ ولكنّي حزينةٌ جدّاً، اليومُ سعيدٌ فأنا من المفترض أنّني سعيدةٌ جدّا ولكنّني حزينةٌ جدّاً، اليومَ حققتُ إنجازا عظيما، فأنا فخورة جدّاً عليّ أن أكون فخورةً جدّاً فاليومَ حققتُ إنجازا فأنا سعيدةٌ جدّا جداً لكنّي حزينةٌ جدّاً . فلنعُدْ بالذاكرة إلى الأمس مجرّد بالأمس كنتُ حالمةً جدّاً، طائرةً جدّاً، بجناحين ذهبيّين جدّاً، فضّيّين جدّاً، واليوم أسودان جدّاً جدّاً ، فأنا حزينةٌ جدّاً، حزينةٌ جدّاً ؟ سعيدةٌ جدّاً؟.

اليوم, ماذا اليوم, ماذا بشأن اليوم، فأنا لم أفتأ أتيه بين سعادةٍ وحزنٍ أو ظنّاً مني أنّي أحدُهما، أنّي بينهما، أنّي خارجَهما، محاذيةٌ لهما تحتَهما فوقَهما، أين أنا على نفس المسافة من الحزن والفرح؟ أميل لكفّة الحزن؟ رجحتْ كفّة السعادة؟ الصوت يخرم أذنيّ. الصوت كفاكِ صراخا يا أنا كفاك صراخا يا أنا، فلستُ بفرحٍ لستُ بحزنٍ ماذا أنا؟ أين أنا ؟ قلبي يدمى فالصوت خرم شراييني خرمها؟ كيف أو

لستُ سعيدة جدّاً؟ فاليوم سعيدٌ جدّاً، لقد حقّقتُ إنجازاتٍ عظيمةً جدّاً، اليومَ أنا حزينةٌ جدّاً جدّاً وحيدة.

وتدخل زبونة المحلّ، وتسألها ميّ: ما بك، ما بك غاضبةٌ إلى هذا الحدّ؟. فتضحكُ مُتمتِمةً " لي حلم........... الولايات العربيّة المُتّحدة"، وتكمل مُحتقِنة "أمّا نحن، فلنا آراءٌ نبديها، مواقفُ نتّخذها، ورايات نرفعها: لا للتعنيف المنزليّ، لا للاستغلال الجنسيّ، لا للتمييز في العمل... وكذلك، كوني رؤوفة، ولا تتعسّفي .... ألقيتُها بمناسبة يوم المرأة العالميّ". جميلةٌ هذه الخطبة ولكن عن أيّ عيدٍ تتحدّثين، أتُصدّقين هذه التُرّهات؟. وتكمل الزبونة" وبالمناسبة أودّ أن أتقدّم من الشعب التونسيّ الشقيق بأحرّ التهاني لفئة كارهي الرئيس المخلوع واعذروا جهلي باسمه فأنا لا أعرف اسمه ولا يعنيني أن أعرف، كما أتقدّم ومن على نفس الفيسبوك الصديق بأحرّ التعازي من فئة مُحبّي الرئيس المخلوع الذي لا أعرف اسمه, راجيةً من المولى عزّ وجلّ أن يُسعد الشعبين عن الفئتين المحزونين والفرحانين وأن يبقيَهما شعباً واحداً أو

على الأكثر شعبين.... أحزنني منظر الشابّ المحترق... ذكّرني بمشهد لبنانيٍّ مشابه بال2005.

ما زلتُ أذكر مشهد صدّام معلّقا صباح العيد، ولمَ أعرف اسمه؟ كَوني شهدتُ الغزو ....فأنا أعتذر على معرفتي بالاسم حيث أنّه يخالف مبدئي السياسيّ بألّا أتعاطى سياسة ...أذكر يومها بأنّني لم أستطِعْ أكل اللحم المشويّ مع أنّه ضروريٌّ بالعيد.... أنا دائما هكذا لا أستطيع أكل اللحم المشويّ حين أعود من حفل تأبين... مع أنّي آكلةُ لحومٍ بامتياز... لا أستطيع أن أكون نباتيّةً، جرّبْتُ ولم أنجح بذلك.

لن أُطيلَ...هذا ما كتبتُه يومَها لعرفات، مع معذرتي بمعرفة الاسم أو اعتذاري عن جهلي باسم الرئيس التونسيّ المخلوع أو اسم الجديد بالإنابة، المهمّ " يا إلهي ماذا أسمع، إنّ هذه الأخبار تصعقني، أيُعقلُ؟ كيف ذلك، لا يمكن! أين أنتم يا عرب، أين أنتم أيّها الشرفاء بالعالم فعرفات يقول لقد بلغ العدوُّ المدى وأنا أقول أين أخي يا أخي، فكيف ذلك أيُعقلُ أنّ رئيساً لدولة يُحتَجَز بين أربعة جدران وعشراتُ الدبّابات تحيطُه لا بل تقصفه بالمدفعيّة، أجل لقد وعدوا بألّا يمسّوا سلامته، أجل لقد وعدوا، ولكنْ من يدري فإنّه كبيرٌ مُسِنٌّ وضعيف، ألا تخافون عليه من جلطةٍ في الدماغ؟ أو سكتةٍ قلبيّةٍ جرّاءَ

الغضب الشديد؟ يا إلهي يقول " لا مياه لديه ولا طعام، أيُعقل يا عرب؟ أيُعقل أن يموتَ رمز الانتفاضة هكذا أمام أعيُننا ونحن نتفرّج؟ هلمّوا يا عرب هلمّوا لنجدة أخيكم المقدام فهو ينده أين أخي" اعذروا تأثُري حينها حيثُ كنتُ مازلت أذكر القصف الدائم فأنا من الجنوب، وبهذه المناسبة أكرّر اعتذاري، كان ذلك بال 2002، على ما أذكر لستُ متأكّدة فالزهايمر يأتي مُبكّرا في زمن الفاست فود.

وهكذا يا إخوان، هههههههه... وكما نرى كولكشن متكاثر من الرؤساء العرب المشنوقين ... المسمومين، كما يُقال فنحن لم نكُن هناك لنؤكّد!... أو أقلّه الهاربين... فليكُنْ، إذا كان هذا فعلا ما تريدون... ولكن فلنفترضْ كرَّت المسبحة... هذا فيما كنتُم تريدون، فالأمر يعود لكم... أوَلستُم الشعب؟ ومنكم وليٌّ عليكم...ولن يُغيّر الله ما بقوم حتّى يغيّروا ما بأنفسهم... فيا أيّها الشعب...الكريم... هل قمتُم بتأهيل البديل؟. وها قد بدأتْ ليبيا، في تقسيم، ما في تقسيم، في تقسيم، ما في تقسيم......... منيمسي يا منيمسي. ما يقارب ال 10 ملايين لبنانيّ من إجماليّ13 مليوناً، قد تنحّوا منذ الاستقلال وحتّى تاريخنا هذا......... بحثا عن فسحة الأمل. تحيّة إجلالٍ وتقديرٍ للشباب اللبنانيّ الذي قام صباح أمس بمسيرةٍ سِلميّةٍ في بيروتَ لإسقاط النظام

الطائفيّ، ولقد بلغ عدد المشاركين بالمسيرة حوالي أربعة آلاف. أنصح الشعوب العربيّة التي ما زالت ترغب بتنحية رؤسائها وبإسقاط أنظمتها، أن تقوم بإعداد خطّة عمل مُحكَمةٍ للثورة، كي لا تقع بالفخّ التونسيّ، المصريّ، الليبيّ أو اليمنيّ رأفةً بالأبرياء الذين يقودون هذه الثورات البيضاء. أستنكر وبشدّة بأنّه ورغم هذه الثورات المُشرِّفة التي نشهدها، مازال على الفيسبوك شخصيّاتٌ مُنتَحلة وأسماءٌ مستعارة . هذه مقالتي لجريدة الفضاء اليوم، ما رأيك؟ وتسألها ماذا لديك، ماذا تأكلين؟

فتجيبُها ميّ وبكلّ الفخر " فريز من سلسلة بستاننا،،،" وتخبرُها قصّة والدتها "لم تكُنْ قد سمِعَتْ يوما بهذا الشيء، كما لم يكُنْ لِيخطُرَ على بالها،،، وبابتهاجٍ غير مسبوق، حملَتِ الشتلة من بلدٍ شقيق، لتغرسَها في حديقة منزلها، كان ذلك أوائل الخريف، ،،، وجاء الشتاء، وهطل المطر، وأينَعَت الشتلةُ وأوأقت وأزهرت و.... أثمرت ثلاثُ حبّاتٍ عِجاب، وإذ ....تُهرول مفجوعةً على أكبرهنّ وتسأل، مَن قطفَها؟ قلتُ أنا......... حسنا لا يهمّ، أردتُ إطعامَها لأخيك." فريز 12 حبّة مُقطّعة زائد فنجان شاي أخضر زائد 2 ملعقة عسل طبيعيّ زائد 2 كوب عصير برتقال طبيعيّ زائد 1 كوب ماء تضرب يالخلاط لتصبح شرابا مضادّا للسموم والطاقة السلبيّة. وتكمل مُحاوِلةً تلطيفَ الأجواء "

أمّا عن حديقة منزلنا "مجنون ليلى، قنيديلي، حبق، فل، نمنام، نعنع أجنبي، مردكوش، خزام، جوري مكبس، جوري فرفور، زنبق، مسكي، خبيزي، قرنفل، حلق الست، ياسميني، أضاليا، غردينيا، لفة القاضي، قرطاسيي، عربيطة، حسن يوسف،عرف الديك، العطرة، تم السمكي، المستحيي،،،، هذا ما أذكره من حديقة منزلنا" في جبالنا توجد أنواعٌ أُخرى ممّا لذّ وطاب " قرقميش، صبينخة، كف الدب، مشة عكوب، قرص العنة، الحميضة، الزويتي، القرة، الدردار، الرشاد، البقدونس البري، الكراث".

كلّ ما أستطيع قوله يا صديقتي هو، هل تظنّين سُلَّم المجد مواربا؟. لن يكون يوما محور الأرض ملتويا!...... فلنبحثْ في الأسباب، الرجولة هي القلب الكبير، البطولة في الحبّ الكبير، ورغم ذلك مين خلق علق.........برجي الحوت وبفتخر، ههههه. والله لم أفهم شيئا أنتِ مع أم ضدّ الربيع العربيّ؟ الأنثويّ وليس فقط الرجوليّ؟. أنا مع أن أكونَ نفسي صديقتي، أن أبنيَ مستقبلي، مستقبلا نظيفا يليق بي وبعائلتي، ولو فعل كلّ مواطنٌ ما أقوله لن نحتاج لثورات أُخرى، فالشعب هو الأساس، بناء الشعب، بناء المجتمع المدنيّ

المتحضّر، نبذ العنف، نبذ الطائفيّة والتطرُّف الدينيّ، كما وفصل الدين عن الدولة.

عموما، عموما، هل أضافت راعية المكان خدمة الواي فاي؟ سأبحث عن قصّة وجدتُها اليوم على الإنترنت وأردتُ قراءتَها لكِ، هي قصّة قصيرة لن أطيل.

طريق العودة

اسمي مريم وعمري 90 عاما، لسوء حظّي، ولحُسن حظّي أنّني بصحّة جيّدة جدّا باستثناء الروماتيزم والعصبيّ، ممّا سيخوّلني إن شاء الله كتابة هذه القصّة:

أنا في المطار، ..... حيث قرّرتُ العودة، نهائيّا إلى الوطن، بالمعنى الأصحّ إلى قريتي، مسقط رأسي، حيث قرّرتُ الموتَ فيها.

لم أحضر كثيرا من المتاع، فأنا مع طول المدّة مللتُ ما لديّ، لم أعُدْ أرغبُ بشيءٍ سوى إنهاء قصّتي هذه، بلى كما وأرغب بالموت، لقد شِخْتُ كثيرا .... و تعبتُ من العمر.

سبحان الله، أذكر حين اشتريتُ بوليصة التأمين، كنت في ال 36 من عمري، حيث كنتُ بدأتُ أتقاضى ما يسمح لي بالادّخار.

و حينها أصررتُ على الموظّف أن يرفع سقف التقاعد إلى 90 عاما، فنحن نعمّر، قلتُ له حينها.

و بناءً عليه فهي سنتي الأخيرة حتّى للتقاعد، فبعد الآن لن أتقاضى راتب التقاعد حتّى.....

ما همني، فأنا الآن غنيّة، غنيّةٌ جدّا، أمتلك شركة، و أنا بجانب ذلك مشهورةٌ و معروفة، فأنا كاتبة

وأديبة..... كما و لم أكُن لأتخيّل أنّ للنجاح كلّ هذا الثمن.

و لديّ من المال ما يكفي للكثير من العواجيز مثلي.

سوف نُقلع بعد قليل، وهذا جيّد فأنا في عجلة من أمري،،، لكَمْ تغيّرت الطائرات، على مدى التسعين عاما.

مجنونةٌ أنتِ يامريم، كيف اتّخذتِ مثل هذا القرار،،، فلم يبقَ أحدٌ ممّن عرفتِ في قريتك تلك، رحم الله الجميع،

بما فيهم المسكين زوجك، حبّذا لو كان حيّا، لكُنّا تسلّينا قليلا، حتّى ولو بالشِّجار... ولكنْ و الحمد لله فلقد كان له ما أراد، عَشِقَ الوطن ، و انتهى فيه و هذا جيّد.

أولادي، أجل أولادي هم أيضا هرموا، و طفلي الكبير المسكين يعاني أمراضاً كثيرة، لطالما كانت زيادة الوزن عائقا على مدى العمر، فهو خَمول بالطبيعة، و لقد زادت من خموله هوايتُه تلك، فهو والحمد لله، أشهر من أن يُعرَّف، و لم يكُنْ موافقا قطُّ على رحلة الموت هذه، لكنّي رجَوتُه وأذعَنَ أخيرا لندائي.

أمّا الثاني، فهو الأوفر حظّا بيننا و الحمد لله، فهو أكاديميٌّ بامتياز، و سعيدٌ جدّا مع شقرائه تلك، و بناته الاثنتين.

رحم الله جدّتي فلو كانت حيّة لزوّجتْ بناتِ ابني لأولاد عمّهم، فهكذا العُرف، أو بالأحرى هذا ما عرفتُه أنا.

و لمَ لا فأين سيجدون مثيلا لهم، هذا ما قالوه حينها، أمّا أنا فكلّ ما يهمّني هو إنهاء الأمر.

لقد مضى وقتٌ طويل على ذلك، لن يجدي نفعا، كما لم يُجدِ قطُّ. غريبة هذه الدنيا، حيث تعطي كلّ ما لا نحتاجه، و لربّما نحتاجه، و لكنّ الإنسان بطبيعته يفتقد ما لا يملك، هذا كلّ شيء.

رحلة الموت هذه كفيلة بمحو الماضي، فهو قليل من التراب، حيث أرغب بالدفن الإسلاميّ، ليس الوثنيّ المعهود لدينا، ،،،

حبّذا لو حُقّق لي هذا لحلم، على العموم فأنا قد طلبتُ ذلك من أبنائي، علّهم يستطيعون تنفيذ وصيّتي، و إلّا فسوف أوارى الثرى، كما العادة، ،، لا يهمّ، ، فلا فرق على العموم.

يا إلهي، لمَ هذا الخوف، ودِدتُ لو أنّ الطائرة توقّفتْ، أو عادت أدراجَها، غيّرتُ رأيي، لم أعُدْ

أرغبُ في الذهاب. وطني هو ما عشتُ فيه، و هناك يجبُ أن أبقى إلى أن أموت.

ما بكِ يا مريم هيّا تشجّعي، فبعضُهم بانتظاركِ في المطار و سوف يُسهِّلون عليك المَهمّة، المال يصنع المعجزات، و أنتِ لديك الكثيرُ منه.

حبّذا لو استطعتُ إنشاءَ مأوىً للعجَزة، مشغل خياطةٍ للأرامل، أو حتّى حضانةٍ للأطفال، أو ربّما من الأفضل أن أُجريَ الدراسات أوّلا، و ما هُم بأمسِّ الحاجة إليه، سوف أبدأ به.

النهاية

قد يحدث أن تُخيَّرَ بين جريمة قتلٍ عقابُها السجن المؤبَّد ، على أن تُخفَّض مهلة العقوبة إلى خمسة وعشرين عاما، مع إمكانيّة أن تخرج إفراجا بحُسن سيرٍ وسلوك، وأن تختار الحياة سجنا لك مؤبَّدا سرُّ خروجِك منها بيدِ واحدٍ أحد .لعدم ثقتي بالحياة فضّلتُ الحياة سجني الأبديّ واختزلتُ العالم.

...... ما الفرق بين قول الحقيقة وقول الحقيقة؟...... ليس سوى الطريقة، أو ما يُسمّى بالأسلوب، كيف

تشرح وُجهة نظرك!.... أنا عن نفسي أُفضِّل الأسلوبَ الصريحَ المباشَر، لأنّني شخصٌ مَرِنٌ ويقبلُ النقد، لذلك أعامل الآخرين بالمثل، قد تُنسَبُ لي القسوة، أو ما يُسمّى بطول اللسان، لكنّي أعزّي نفسي بكلمة هذه أنا

تكثّفتُ جفَلا كأوّل ردّة فعلٍ، تَبِعَتْها مباشرةً أهازيجُ السعادة،،، احتجتُ لحظةً لاتّخاذ قراري، لو لم أستخدمْها لوقعتُ بخطأ القرار المتسرِّع،،، التروّي فنٌّ يستحقّ أن نُتقِنَه، لنحيا حياةً أكثر سعادةً وعدلا،،، لا تكُنْ مُجحِفا بحقّ من أهمَلكَ لظروفٍ قاهرة، خارجةٍ عن إرادته، فكلّنا يستحقّ فرصةً أخرى.

ها هي الأرض تُوشْوِشُني، بين هبّة نسمةٍ صيفيّةٍ تتمثّل بأختها الخريفيّة، وسَطعةِ شمسٍ لاذعةٍ تُخفيها غيمةٌ عاتيةٌ تظهر فجأةً في غير موسمها، لأسمعَ صفيرَ ريحٍ شتويّةٍ في عزّ الصيف...أفهم جيّدا تلك الرسالة التي تجبرني على الإنصات التامّ... والخشوع!

سِرتُ مغمضة العينين، لكنّ حدسي لم يخذِلني، هي أرواحٌ تلتقي قبل أن تلتقي، وتتّفق قبل حتّى أن تنبس بحرف شفة، عرفتُ تلك السيّدة منذ ملايين السنين؟ رأيتُها منذ آلاف السنين؟ أم ذكّرتني بوالدتي؟ أم أنّها ببساطةٍ والدة صديقتي، فكيف لي إلا أن أعرفها عن ظهر قلب!

من المفيد أن نتّخذ قرارا بعدم الاكتراث، كنوعٍ من الانعتاق، لكنّ المشكلة ستبرز بتراكم المشاكل دون حلّها في وقتها. لحلّ أيّة مشكلة مهما كانت كبيرةً يجب تفتيتُها، وحلُّها تدريجيّا وبتسلسُل. المشكلة الأهمّ التي قد لا نلحظها هي تدخُّلنا بمشاكل الآخرين، حتّى لو كانت النيّة بهدف تفتيتها. إن لم يطلُبْ منّا أحدُهم الانغماس في مشاكله مهما كانت عالقةً، يُفضَّل أن ننأى بأنفُسنا بعيدا، وإفساح المجال لأطراف النزاع لمناقشة الموضوع. كلّما قرّرتُ عدم الاكتراث، أعود لأجدَ نفسي مُنغمِسةً في صُلب الموضوع!

حين سمعتُ خبرا مُبهَما البارحة، وتناقلته الأخَواتُ بفخرٍ مُلفِتٍ عن موعد تلقيهن الخبر، قبل، في نفس الوقت، أم بعد؟ فشعرتُ بدايةً بنوعٍ من الغُبن كأنْ

أكونَ مُغفَّلةً بين مجموعة العبقريّات تلك، ولكنّي لم أقتنعْ فشيءٌ ما بقيَ يدور في رأسي، ويُلحّ على عقليَ الباطن، ما الفرقُ بين سماعي أو عدم سماعي بخبر وفاة شخصٍ مهمٍّ لا أعرفه، قد تعرفه الأمّة جمعاء، لكنّي لا أعرفه!......ولم أجِدْ سوى إجابةٍ واحدة، لا يعنيني، أنا لستُ بمُخطِئةٍ بعدم الاكتراث، حقّاً لا يعنيني....

في كلّ مرّةٍ يحتاجني فيها بمصلحةٍ ينسيني سوءَ معاملته لفَرط شفافيّته وذوقه الرفيع، وسرعانَ ما ينقلبُ الحال بمجرّد انتهاء المصلحة ليعودَ لسابق عهده وأتذكر، كم هو من الدهاء ليُقنِعَني، وكم أنا غبيّةٌ في كلّ مرّة لأصدِّقه... لا تكوني قاسيةً هنا،

أحبّ الشِّعرَ والأدبَ والرسمَ أفكر احترافهم، حسنا ولكنْ كيف؟

تُقرِّر هنا نشر ديوانِها الشِّعريّ الأوّل بتيهها المعهود مُطلِقةً عليه عنوان " تيه" ممّا يُضطرّها لشرح المعاني مرّاتٍ عِدّةً للجمهور الذي قلّما سمع بهذه الكلمة من قبلُ، وبعد أن لاقى ديوانُها الاستحسانَ المعقول، تتّخذ هنا القرار بالمثابرة على إنهاء روايتها "بطن الحوت" التي ستنقلُ فِكرَها

وروحَها فيما يتعلّق بما يدور حولها في بيئتها الطبيعيّة و الاصطناعيّة .

كما وستحتاج لعُمْرين تسكُعاً بين تويتر والفيس، إلى أن يأتيَ الأجلُ ويطوي البوك،،،، تصِفُه تهكُما؟.......فليكُنْ.

تمّت

... ولقد حازت هذه المجموعة القصصية على الجائزة الأولى " الأكثر مبيعا" عن فئة الأدب بمعرض بيروت الدولي 56 للكتاب، بالعام 2012.

T0063357